拿捏

智者掌控全局的
规则与尺度

高文◎著

北京燕山出版社

图书在版编目（CIP）数据

拿捏：智者掌控全局的规则和尺度 / 高文著.
北京：北京燕山出版社，2024. 9. --
ISBN 978-7-5402-7333-0

Ⅰ. B821-49

中国国家版本馆CIP数据核字（2024）第7ZX851号

拿捏：智者掌控全局的规则和尺度

作　　者：高　文
责任编辑：王月佳
出版发行：北京燕山出版社有限公司
社　　址：北京市西城区椿树街道琉璃厂西街20号
邮　　编：100052
电　　话：010-65240430（总编室）
印　　刷：三河市天润建兴印务有限公司
开　　本：710mm×1000mm　1/16
字　　数：184千字
印　　张：14.5
版　　次：2024年9月第1版
印　　次：2024年9月第1次印刷
定　　价：59.80元

做事要懂得谦卑与感恩，相处要让人舒服。这样才会万事顺利！
尊重你内心的声音，不要说出来给别人听。
看破不说破，是一个人成熟的体现。
不合群的小人物，必将成为大人物的软柿子。

当局者迷，旁观者清。看不清楚就做个局外人。
小孩子到了陌生的环境，都知道先观察再行动。

前言

拿捏是指一种具有掌握或者把握事物的处世能力，是一种赢家智慧与策略。本书所讲的拿捏，则主要是讲我们为人处世无论是采取哪种手段或者措施，都必须进行全面掂量，避免过犹不及，物极必反，那么这就需要掌握一种平衡的尺度。

尺度，本是指准绳、分寸，是衡量长度的一种定准，这里引申为为人处世的一种标准。我们生活的大地有一条地平线，我们生活的社会也有一个基本准绳。我们必须明白这个基本准绳，然后把握住并依其做人做事，才不会破坏规矩或逾越底线，才会创造真正成功的事业、拥有圆满的人生。

古语说："出言有尺，嬉闹有度，做事有余，说话有德。""眼像一把尺，量人先量己；心如一杆秤，称人先称己。"把握好做人尺度，守住做人底线，这是做人最好的修行。做人尺度是一种内心衡量标准，用于指导和约束自身行为和言语。做人要恰到好处，做一个刚刚好的人，这是一门深刻学问。

古人说："世事洞明皆学问，人情练达即文章。"我们处世不通晓人情世故，缺乏社会经验，就会碰得头破血流。处世有尺度，能够更好适应社会，与人和谐相处，并在生活中找到平衡，这是一门高级艺术。

做事有尺度，处世才有态度，做人才有温度。做事把握好尺度，才能办事有速度，速度决定事情成败；才能措施有力度，力度有多大力量就有多大；才能追求有高度，才能做最好的自己。要掌控做事的尺度，充分体现做事的格局，这是一种高超智慧。

交际有尺度，就是指与人交往要留有余地，保持适当距离，因为彼此心灵都需要一点空间。现在流行一句话："如果我用你待我的方式来待你，恐怕你早已离去。"总之，人际交往懂尺度，明事理，知进退，才是高情商的表现，才会人缘越来越好。

说话有尺度，就是要懂得说话门道、把握说话分寸，才能初见让人喜欢，长久不让人讨厌。我们说出去的话，如同泼出去的水，说话之前最好仔细斟酌。总之，会说话是一种情商，是一种修养。

在职场也要把握尺度，表现要适度，积极要稳妥，善于审时度势，善于抓住机遇，抓住关键找准切入点，从而表现自己工作能力和综合素质等，这样才能让领导满意，受同事欢迎，使自己真正成为职场达人，在职场发展前途无量。

因此，我们人人都应该学习尺度这门学问，在咫尺之间，创造人生的高度。本书主要包括做人、处世、做事、交际、职场的尺度知识内容，涉及我们生活的方方面面，是指导广大读者增强适应社会能力、提高情商智商、创造人生成功高度的良好读本。

目录

第一章

做人有尺，人生有度

人生漫长，拿捏好做人的尺与度 …… 002

恪守生活中的做人原则 …… 005

做人不要太飘，设置自我底线 …… 008

心胸有多大，一生就会有多宽 …… 013

不在乎一时得失，才能展现你的非凡格局 …… 018

想活得宽广，就要在方圆之间拿捏准定位 …… 022

做人，拿得起放得下 …… 026

你要善良，但是必须带点锋芒 …… 032

在人生的波涛中，学会能屈能伸 …… 035

第二章

处世有尺度，人生才有前途

有人情味，你的人生才会左右逢源 …………… 042

别内卷，处世有弹性才是王者之道 …………… 047

用心中的尺度，来识别人性的好与坏 ……… 051

难得糊涂，才是人生的精明之道 ……………… 055

不要话说太满，给自己留条后路 ……………… 059

刚柔并济，解锁我们的社交新境界 ………… 064

心就这么大，能够舍得才会得到更好 ……… 068

适可而止，不要打扰别人也伤了自己 ……… 071

第三章

做事要拿捏，进退自如有尺度

拿捏住分寸感，我们做事就会更得体 …… 076
做事别愚笨，拿捏住轻重缓急是关键 …… 079
选对时机，做事儿就像点外卖一样顺畅 …… 083
懂得“种草”，拥有“收获满满”的人生 …… 088
学会“躲雷避坑”，开启“无伤人生” …… 091
拒绝套路，用理性眼光看待是非曲直 …… 094
张弛有度，让我们的人生事半功倍 …… 098
做事别马虎，不仅要做完还要做好 …… 101

第四章

交际有尺度，左右逢源朋友好相处

你的形象决定你的人生，仪表要得体 106

没有无缘无故的爱恨，要懂得亲疏有度 109

人心难测，真诚相待也要拿捏好距离 113

谁的时间都没有多余，守时是最大的礼貌 117

慎言是教养，交往中要善于倾听他人说话 121

关系不到位，交浅言深是社交的灾难 125

感情是有温度的，交往中要平衡热情和冷淡 129

面子都是别人给的，要保持尊重和宽容 133

懂得博弈规则，不困于心才是王道 137

第五章

说话有尺度，人有温情才会不残酷

时间很宝贵，说话有尺度才能快速展现自己 …… 142
有理不在声高，拿捏好力度才能以理服人 …… 145
说话要懂博弈，趋利避害才能讲清利害 …… 148
言多必失，说话太多容易暴露自身缺点 …… 155
赞美不是拍马屁，也要讲尺度 …… 158
简单粗暴的批评，只会令人十分厌恶 …… 161
水满则溢，说话有余地自身有退路 …… 166
对付讨厌的人，你就得以柔克刚 …… 169

第六章

职场有尺度，晋升才会有高度

展现自我要有度，别只顾自嗨不自觉 174

一秒决定成败，职场机会把握到位 178

工作不是恋爱，别让职场变成“暧昧地带” 183

千万别硬撑，能力不足时要敢于说“不” 188

坏情绪别作怪，职场心态正能量 193

退避三舍，职场之上的大智慧 196

理性对待，来自职场上的流言蜚语 199

职场会站队，远离“猪”队友 203

话有分寸，有效沟通拿捏好 207

附 名言谚语

第一章

做人有尺，人生有度

在我们的社会生活中，每个人都应该遵守一定的行为准则和道德底线，在“方圆”之间谨慎行事，拿捏好做人的“尺度”。

同时，我们也要拥有开阔胸襟和包容心态，带着宏大的格局去审视这个世界,用同理心去理解不同的人和事,给予生命“宽度”，那么，整个世界都会为你让出广阔的道路。

一个人的生命有限，谁也无法延长生命的长度。但是，我们能够通过自己的行为，拓展生命的宽度，发掘人生的潜力，让生命之旅变得缤纷多姿，使本来平凡的人生绽放出异乎寻常的光彩。

人生漫长，拿捏好做人的尺与度

尺度，本是指准绳、分寸，是衡量长度的定准，可以引申为一种为人处世的标准。也就是我们必须拿捏住做人的分寸，要恰到好处，因为有时候欲速则不达，有时候过犹不及，要渐入佳境，顺势而为，最终获得圆满成功。

我们这个广阔的社会是丰富多彩、纷繁复杂的，因此很多人会感到很迷茫、很彷徨、很无助，从而迷失方向、丢失自己，就会出现流行的内卷、躺平、想爽现象。因此，我们人人都应该学习拿捏做人的尺度。

我们做人的尺度首先表现在言行举止上。在言语上，说话谨慎，不冒犯他人，不轻易伤害他人感情，这是说话的尺度。在行为上，礼貌待人，不给他人带来不必要困扰，不侵犯他人权益，这就是行事的尺度。

做人的尺度其次体现在处世之道上。我们生活在物质世界中，在追求个人利益的同时，要充分考虑他人感受，不为一己私利而伤害他人利益，这是为人基础。尊重他人的选择，不强迫他人接受自己观点，保持一颗宽容的心，与人和睦相处，这是基本的法则。

做人要有尺度，还意味着我们在这纷繁复杂的社会中，能够找到平衡点，不偏激、不偏离，宽容包容、稳健从容地对待每一件事、每一个人。只有在尺度之内做事做人，才能真正获得内心的宁静与自由，才能与他人和谐相处，与社会共同成长。

我国古人将这种朴素的智慧通过很多方法传递给我们，比如我们的十二生肖文化就是一个典型例子。十二生肖两两相对，体现的就是祖先对我们做人做事要有尺度的期望和要求。

第一组是老鼠和牛。老鼠代表智慧，牛代表勤奋。因为智慧一定要和勤奋紧紧结合在一起。如果光有智慧不勤奋，那就是"小聪明"，不能成事；而光是勤奋却不动脑筋，那就是"愚钝"，同样不能成事。

第二组是老虎和兔子。老虎代表勇猛，兔子代表谨慎。勇猛和谨慎一定要紧紧结合在一起，才能做到胆大心细。勇猛离开了谨慎，就变成了鲁莽；而一味地谨慎没有勇猛，就变成了胆怯。

第三组是龙和蛇。龙代表刚猛，蛇代表柔韧。所谓刚者易折，太刚了容易折断，但是如果只有柔的一面就易失去主见，所以刚柔并济是我们历代的祖训。

第四组是马和羊。马代表进取，羊代表和顺。如果一个人只顾着奔向自己目标而勇往直前，不顾周围，必然会和周围不断磕碰，最后也许碰得头破血流、伤痕累累也到达不了目的地；但是一个人如果光顾着和周围和谐相处，就会迷失方向，久而久之也就失去了目标。所以，我们在不断进取时一定要与和顺紧紧结合在一起。

第五组是猴子和鸡。猴子代表灵活，鸡代表稳定。因为古时候没有时钟，都是靠公鸡打鸣作为一天的开始，所以公鸡定时打鸣代表稳定。灵活和稳定一定要紧紧结合起来，如果你只有灵活，没有稳定，再好的决策最后也得不到落实；但是，如果一味稳定，如一潭死水、一块铁板，那么就不会有进步。

最后是狗和猪。狗代表忠诚，猪代表随和。一个人如果太忠诚，不懂得随和，就会排斥他人；反过来，一个人太随和，没有忠诚，这个人就会失去原则。所以，无论是我们对国家、民族的忠诚，还是对于自己理想的忠诚，一定要与随和紧紧结合在一起，这样才容易真正保持内心深处的忠诚。这就是我们一直坚持的“外圆内方”。

我们每个人都有属于自己的生肖，这就是我们祖先追求的一种和谐的智慧与圆融。

拿捏好做人的尺度，还体现在生活的其他方面。例如，在与人交流情感时，能够控制自己情绪；在表达爱意时，真诚而不过分；在面对挫折时，坚强而不悲观，等等。

总之，我们作为“高等生物”，不能因为一时的冲动而言行失控，也不能因为一时的得失而心态失衡，能够淡定平静地面对生活中的起起落落，不被情绪左右，才是在社会上立足的高招。

做人要有尺度，并不是随便找个东西来束缚自己，而是要在平常的为人处世中给自己设定一个合适的标准，使自己在往后的道路上不至于走上歧途，或者办错事情，造成难以挽回的损失，并且能够顺顺当当、顺风顺水地走完自己设定的人生道路。

做人有尺度，做事不绝对，利益不占尽，这是做人的基石，也是行为的准则。与人为善，其实是与自己为善；给人留退路，就是给自己留后路。人这一辈子，只有把握好做人的尺度，才能安度一生，享受幸福和美好。

恪守生活中的做人原则

做人，要有自己的原则和底线，这是我们立身处世之本。做人的原则，就像牵引风筝的那根线，决定了我们能够飞多高、飞多远；没有原则的人则像断了线的风筝，飘飘忽忽、随风而行，最终掉落在地上。

这个世界到处都是霓虹闪烁，五彩缤纷，灯红酒绿，充满了难以抵挡的诱惑，好像怎样都是生活，在哪里都是过日子，只要觉得眼下还能混得下去，就感觉混得有滋有味的，这样迟早有一天会失足跌入社会的陷阱。

因此，我们每个人都要恪守做人原则，它就像树立在我们心中的信仰一样，约束我们的思想和行为。我们也要用这些原则来管控自己，让自己不至于犯下无法弥补的人生过错。

原则如同高山，笑傲风云，是人类的脊梁，也是我们为人处世的根本。如果一个人想攀登高峰、获取较大的成功，就需要做人原则这个最重要的因素。有了它，就好像有了神仙帮助，一个人的能力就会超水平地发挥。

原则是一种标准，或者称作标杆、标尺。拿这个尺度衡量我们行为、品格的优劣高下，那么顿时就会原形毕现。在此尺度之上，我们可以做一个堂堂正正、受人尊敬的人，也可以获取长久的成功；在此尺度以下，无论如何也会显得卑鄙猥琐渺小，纵然得意，但总是不能长久。

有原则的人绝对不会攀附权贵、心口不一，不会心里是这样想的，嘴里是那么说的，实际行动又是另外一套。在他的内心有一定尺度，所以不会说谎，也不会表里不一，而且内心世界很少产生自我挣扎与矛盾，他是一个真正的忠实于自己做人尺度的人。有原则的人拥有坚强的信念，这一点包括有能力去坚持自己认为是正确的事情，在需要时就会义无反顾，可以公开反对确认是错误的事情。

医务人员总被人们亲切地称为“白衣天使”，他们守护着人们健康和生命。要想做一名合格医务人员，就必须要有原则。

做一台手术需要一个完整的医疗团队，一般由主刀医生、副手、麻醉师和护士组成。在一次手术中，有一位护士是第一次担任责任护士。医生为了考验她，在要给患者进行伤口缝合之前，偷偷将患者体内最后一块纱布夹在手指缝中，没有让她看到。

在要缝合伤口时，这位护士提醒主刀医生说：“您只取出了11块纱布，我们用的是12块。”

医生不容置辩地吩咐道：“我已经全部取出来了，我们现在就开始缝合伤口。”

“不行！”护士抗议说，“我们用了12块，您只取出11块，还有1块在患者体内，必须再检查一遍！”

医生加重语气说：“出什么事情我负责！缝合！”

看到医生一意孤行，这位护士激烈地喊道：“您不可以这样做，您要对病人负责！”

这位护士的言行令医生十分满意，他笑了笑，举起他的手让护士看了看他藏在手指缝里的第十二块纱布，并赞扬道：“你是一名合格的护士了。”

这位医生就是在考验护士是否具有原则，而护士正好具备了这点。护士没有因为医生的权威而失去自己的原则，而是把患者放在了第一位，在医生咄咄相逼的时候更是敢于反抗。试想一下，如果这个护士没有坚持原则，她就再也无法站上手术台了，因为她不是一个合格的护士，无法承担救死扶伤的责任。

在日常生活中，总会遇到很多挑战我们原则的事情，有的人顺从了不良现象而随波逐流，最终成了不良现象的牺牲品；有的人则一直坚持自己的原则，始终挺直脊梁立于天地之间，堂堂正正地做一个大写的“人”。

做人不要太飘，设置自我底线

我们生活的大地有一条地平线，我们生活的社会也有一个基本准绳。但是随着社会的不断发展，这个世界开始变得非常喧嚣和浮躁，许多人都成为精致的利己主义者，活得非常飘。在社会上是飘飘荡荡，在生活中是没边没际，给人一种不靠谱的感觉。

特别是现在许多人缺少敬畏之心，对一切都一副无所谓和不在乎的样子，简直玩世不恭，顽固不化，不仅敢于碰电线，还敢于碰红线，甚至生死看淡，说干就干。在社会上许多事情是可为的，也有不可为的，这是社会的标准。跨越社会的准绳，就是超越社会的底线，这样是非常危险的，做人也会面临失败。

因此，我们除了要设置做人的原则外，还要设置做人的底线。底线，本是指体育运动中足球、篮球、羽毛球等运动场地两端的界线。在比赛中，运动员只有坚守底线，才能展现其高超的球技。

同样，我们一生也只有拿捏住人性的底线，才能展现人性的美好本质。一个人失去了底线，便会无所顾忌，什么事都敢干。一个社会若是失去底线，则会陷入种种不可预测的混乱之中。

这里的底线，就是人生尺度上那个“最低标准”。一个人如果没有底线，为了利益，别人不敢做的事，他敢做；触犯法律底线的事，他也不在乎。他敢在酩酊大醉之后开车闯红灯，也敢无所顾忌地销售腐败变质食品；他敢横行霸道欺负弱势群体，也敢铤而走险贩卖害人毒品……所有失去底线的人，就像失去理智的人一样，办事必然会失去尺度，最终沦落为害人害己的害群之马。

这类人在突破底线时，孤注一掷，毫无顾忌，完全把诸如“恻隐之心”“敬畏之心”“己所不欲，勿施于人”“杀人偿命，欠债还钱”这些基本常识和应该遵守的尺度全部抛到九霄云外去了，进而做出一些危害社会的事情来。

可见，为人处世的过程当中，守住底线是非常重要的。失去底线的企业可能会进行欺诈行为，没有底线的学者可能会颠倒黑白，缺少底线的裁判可能会乱吹黑哨……从这个角度来说，底线不光是应该遵守的尺度，还是关乎人安危的生命线。

张作霖是著名的东北军阀，北洋政府第十四位国家元首、北洋军阀奉系首领、陆海军大元帅，他以不按常理出牌的古怪个性而闻名。

张作霖出身贫苦农家，仅仅上过三个月的学，为了生计，他先后卖过烧饼，做过木匠，当过货郎，还做过兽医。他参加过中日甲午战争，后又投身绿林，势力逐渐壮大起来之后又被清政府招安，从此青云直上。

张作霖能够取得这番成就，与他的性格是分不开的。在用人之道上，他不会计较别人对他好不好，而是看这个人是不是有才华，是不是有原则。

在张作霖还没有得势的时候，曾经有个叫王永江的人，他一直看不上张作霖。当时张作霖十分生气，发誓总有一天要灭了他。然而到了自己真正得势后，他听人说这个王永江很有才华，张作霖就立刻把当初自己的誓言推翻了，反而亲自出面请王永江出山，帮助他治理奉天。

王永江上任后，也是不卑不亢，他向张作霖提出：省内大小事宜都由自己全权负责，包括官员的任用，张作霖不可以干涉。

敢这样和张作霖谈条件，王永江也是胆子够大。而张作霖更是痛快，二话不说，一口答应了。因为在他看来，只要能把奉天治理好就成，这才是最重要的，其他都是细枝末节，完全不必在意。最终，王永江把奉天省治理得井井有条，经济发展迅速。

张作霖欣赏王永江这样的人。如果一味顺从他，张作霖反而看不上。

曾经有一个一直跟随张作霖的秘书长，可是后来却被辞退了。不是因为他犯了错，只是因为他没有“脾气”。对于这件事情，张作霖是这样解释的：“我和他没过节，但是他做了我很多年的秘书长，却从来也没和我吵过一次。我怎么可能那么多年没犯过一次错呢？这样的秘书长要来何用？”

与王永江相比，这个秘书长确实挺失败的。他失败在过于随和，迁就别人，这样的人或许在大是大非面前也会放弃原则。

而对待敌人，张作霖也有自己的尺度。

在那个年代，日本人在东北盘踞已久，作为东北军阀，张作霖守护着一方国土。他知道日本人不好惹，所以在对付日本人的时候，他往往都是口头上承诺日本人的不合理条款和要求，实际上却并不会真的去做，能拖就拖、能赖就赖，有时候干脆直接装傻充愣不认账。

有一次，日本人想让张作霖送他们一幅墨宝。别看张作霖读书不多，可是却写得一手好字。一听日本人要他的字，张作霖欣然答应下来，唰唰唰写下一幅字。落款的时候却写上“张作霖手黑”五个大字，把它交给日本人。

日本人一看，张大帅果然文化不高，“手墨”的“墨”字居然少了一个“土”。

张作霖一听日本人说他写错字了，摆摆手，哈哈大笑道：“没写错！没写错！这叫‘寸土不让’！”

在张作霖做大帅的时候，东北没有丢失一寸土地。他用自己的处世之道和心中的底线衡量着每一件事情的得失利弊，最大限度地做好每一件事情。

我们之所以要遵守底线，拿捏住应有的尺度，是因为底线是一件关乎我们生存的大事，而不是一件无足挂齿的小事，所以每个人都应高度重视。人是社会的存在物，任何人都不能单独存活在这个世界。因此，拿捏住尺度，秉持约定俗成的理念，让别人生存，自己才能生存；让别人活得好，自己才会活得好。

希望所有的人都活得好，甚至为了别人的生存放弃自己的利益，这是做人的“境界”。不妨碍别人的生存，不侵犯别人的利益，不破坏社会的环境，这是做人的尺度。

在一个社会里，通过立法程序明文规定下来的，是“法律底线”；在社会生活中大家都共同遵守的，是“道德底线”；各行各业必须坚守的原则，比如商家不卖假货，会计不做假账，医生不开假药，是“行业底线”和“职业底线”。

境界不一定人人都有或要有，底线却不能旦夕缺失。因为底线是基础，是根本，是无法退步的最后一道防线。基础不牢，地动山摇；防线失守，全盘崩溃。

坚守底线，尽显人性本色。中国人从来就有底线。做生意，明码实价，童叟无欺；做学问，言之有据，持之有故；做官，不夺民财，不伤无辜；做人，不卖朋友，不丧天良。

有底线就有底气，有底气就有自信，做人的自信建立在做人的底线和尺度上。没有拿捏住底线和尺度的人，必然收获浑浑噩噩和一塌糊涂的失败人生。底线牢固和坚守尺度的人，才能体味和享受到“人”的尊严，进而收获成功的人生。正是靠着底线的坚守和尺度的存在，我们中华民族虽然历经苦难，中华文明却得以千年赓续。

心胸有多大，一生就会有多宽

一个人的容量，是为人处世中应该具备的素质。就实际来说，生活中遇到不顺心的事是正常的，有时也会受到来自他人的伤害，怎么办呢？是包容忍让还是以牙还牙呢？对此，我们应该有一个正确的认识。

一般来说，非原则性事情，我们应该以良好的包容之心来对待与感化，而没有必要据理力争、针锋相对。因为包容忍让不仅是一种智慧，更能彰显一个人的气度与风范。

圣人之所以为圣人，一是能对人对物，做到无尽的奉献；二是有广博的胸怀，能容天下难容之物和事。孔子的观点是“己所不欲，勿施于人”，他从不主观处理任何事情。对于世人梦寐以求的富贵，他也有自己独特的观念：“不义而富且贵，于我如浮云。”由此可见，孔子被称为圣人，真是受之无愧。

我们在人际交往中，由于彼此对事物认知水平的差异，常常会导致误解和矛盾的产生。此时，如果我们能有较大的度量，以谅解的态度去对待别人，这样就能化解矛盾。相反，如果我们度量不大，一丁点大的小事，就争争吵吵，斤斤计较，最终只会伤害彼此间的感情，影响友谊。

拥有容人之量说起来容易，实则做起来很难。它要求人们在社交场上，必须抑制个人的私欲，不为一己之利去争、去斗，也不能为了炫耀自己而贬低他人，更不能为了表达自己的观点，而伤害别人的自尊心。自尊心是每一个人都拥有的，无论他是高高在上的一国领袖，还是沿街乞讨的流浪者，我们都应当尊重并珍视他们的尊严，不轻易践踏。

东汉时期，有一个官员叫陈寔，他为官公正，处事平和，因为高洁德行而闻名于世。

在他为官期间，但凡百姓间出现争执官司，他都会公正判决，明白详细地说明是非，百姓听到判罚后无不心服口服，绝没有事后埋怨的。所以当时有人感叹："宁愿被刑罚处治，也不愿被陈寔批评。"

有一年，陈寔的家乡闹了一场饥荒，很多人都找不到工作，有的人被逼无奈做了小偷，专门去偷别人的东西。

一天晚上，一个小偷溜进陈寔的家，就躲在他家房梁上，准备等人都睡了以后偷点东西去卖。陈寔其实早就发现了，可是他并不声张，也没有惊动小偷，而是把儿孙们都召集到厅里，开始谈话。小偷吓坏了，大气都不敢出。

陈寔神情严肃地对大家说："人不管在什么时候都要上进，不能干坏事。干坏事的并不是生来就是坏人，是平时放松了对自己的要求，不断干坏事，养成了习惯。这样本来可以成为君子的人，也就变成了小人，成了'梁上君子'了。你们抬头往上看，在我们屋梁上的这位先生，就是一个活生生的例子。"

听到这里，小偷马上从梁上跳了下来，满脸羞愧，狼狈不堪地向陈寔磕头求饶说："陈老爷，对不起，我知道错了，请您原谅我吧。"

陈寔叫他起来，语重心长地说：“我看你的模样不像恶人，大概是被贫困逼迫才这样的吧，只要以后改邪归正，你依然会是一个君子。”随即又送给他两匹绢，叫他当作本钱去做生意。

小偷没想到陈寔这样大度，心里十分感激，拜谢后带着绢布走了。后来，他果然改掉了坏习惯，努力做事，成了一个人人称赞的有为青年。

这个故事很快就传开了，从此整个县再也没有小偷了。

陈寔没有用严厉的批评手段指责这位梁上君子，而是以一种委婉的方式教育他，让这位小偷意识到自己的错误，并重新做人。他的做法不仅让小偷

得到了应有的尊重，也保留了对方的尊严。同时他的这种做法，也为他带来了意想不到的好处，可谓是一举三得。

古人常说“将军额上能跑马，宰相肚里可撑船”。佛界也有一名联“大肚能容，容天下难容之事；开口常笑，笑世间可笑之人”。这些名句、名联无非是告诫人们，为人处世要有容人之量。

历览古今中外，但凡胸怀大志、目光高远的智者，无不大度为怀。反之，鼠肚鸡肠、斤斤计较的人，没有一个成就大事业的。

把一切都看作“没什么”，才能在慌乱中从容自如；忧愁时增添几许欢乐；艰难时顽强拼搏；得意时言行如常；胜利时不醉不昏，有新的突破。只有如此放得开的人，才能算得上有容量的人，才能尽显气度与风范，并且更容易赢得他人的尊敬。

能容忍别人的一次小过失，别人就会以他的一技之长来回报你。能消除对别人的怨恨，别人就会拼了命来报答你。这种回报和报答的心情是那样的迫切，以至于只要碰到机会，他就一定会一展其身手。只要有可以效力的场合，他就会拿出自己全部的力量，来帮助你完成大业的。

相比之下，那些专爱挑剔他人、执着记恨的人，显得极其愚蠢。面对他人过失，我们是选择宽容还是一味追究呢？这不仅是品德问题，对于生意人而言更是一种赚钱的智慧。宽容对方的过错，可谓比放高利贷还划算。当对方得罪你时，如果你能够大度宽容，便让对方欠下了人情债。在未来某个时刻，如果对方懂得感恩且有能力，必将十倍百倍地回报你。

遗憾的是，人类是情感动物，很少有人能够如此宽容，也很少有人能意识到这其实是一种“感情投资”，而且是最有效的投资之一。因此，我们应该认识到：这个世界是所有生命共有的，而不是属于任何一个个体的。

当你如一滴水一样，融入波涛汹涌的大海之中，便会随同整个大海应对百般变迁。如果你被抛弃为孤独的一滴水呢？在这个极为变化多端而又漫长的过程中，你凭什么能够保证永远不发生危险，不被甩到岸上去被灼热的太阳烤干呢？

故此，在前进和后退之间找到平衡，思考、进取的同时也要考虑退路，也就成了人生必须解决的难题。以德报怨，予人退路，也正是予己退路，何乐而不为呢？过怨两忘，须知来日方长。最可靠安全的路，是筑在“人心”上的路。假如你能在“人心”产业上长期投资并获得成功，你的事业或人生就具有可靠保障了。

不在乎一时得失，才能展现你的非凡格局

“晚清第一名臣”曾国藩曾经说过这样一句名言：“谋大事者首重格局。”说白了，格局就是一个人志向之大小、胸怀之宽窄、眼界之高低。

没有格局的人会故步自封、一叶障目，被蝇头小利牵着鼻子走，从而失去了向更高处进发的眼界。而一个拥有不凡格局的智者，从来不会在乎一时得失，他会盯着自己的大目标而奋发向上，从而取得更高的成就，站在更高的平台上。

战国时期，晋文公即位以后，整顿内政，发展生产，把晋国治理得渐渐强盛起来。他也想像齐桓公那样，成为中原的霸主。

这时候，宋襄公的儿子宋成公来讨救兵，说楚国派大将成得臣率领楚、陈、蔡、郑、许五国兵马攻打宋国。大臣们都说：“楚国老是欺负中原诸侯，主公要扶助有困难的国家，建立霸业，此时正是时候。”

晋文公早就看出当前的局势：要想当上中原霸主，就得打败楚国。于是，他就扩充队伍，建立了三个军团，浩浩荡荡去救援宋国。公元前632年，晋军打下了归附楚国的曹国和卫国，把两国国君都俘虏了。

楚成王本来并不想同晋文公交战，听到晋国出兵，立刻下令

让成得臣退兵。可是成得臣以为宋国迟早可以拿下来，不肯半途而废。他派部将去对楚成王说："我虽然不敢说一定打胜仗，但也要拼一个死活。"

楚成王听后很不痛快，只派了少量兵力让成得臣指挥。成得臣先派人通知晋军，要他们释放曹、卫两国国君。晋文公却暗地通知这两国君主，答应恢复他们君位，但是要他们先跟楚国断交。曹、卫两国国君为了保住自己地位，便按晋文公意思办了。

成得臣本想救这两个国家，不料他们倒先来跟楚国绝交。这一来，成得臣立即下令，催动全军赶到晋军驻扎的地方去。

楚军一进军，晋文公立刻命令大军后撤。晋军中有些将士不理解此举，说："我们的统帅是国君，对方带兵的是臣子，哪有国君让臣子的理儿呢？"

随军大臣狐偃解释说："打仗先要占个理，理直气就壮。当初楚王曾经帮助过主公，主公在楚王面前答应过：要是两国交战，晋国情愿退避三舍。今天后撤，就是为了兑现这个诺言啊。要是我们对楚国失了信，那么我们就理亏了。我们退了兵，如果他们还不罢休，步步进逼，那就是他们输了理，我们再跟他们交手也不迟。"

晋军一口气后撤了九十里，到了城濮，才停下来，重新布置好阵势。楚国有些将军见晋军后撤，想停止进攻。可是成得臣却不答应，一步紧一步地追到城濮，跟晋军遥遥相对。

成得臣还派人向晋文公下战书，措辞十分傲慢。晋文公也派人回答说："贵国的恩惠，我们从来都不敢忘记，所以退让到这儿。现在既然你们不肯谅解，那么只好在战场上比个高低了。"

大战刚开始，晋国的将军就拿着两面大旗，指挥军队向后败退。他们还在战车后面拖着伐下的树枝，随着战车后退，地上不时扬起一阵尘土，显露出十分慌乱的模样。

成得臣一向骄傲自大，不把晋人放在眼里。他不顾前后地直追上去，正中了晋军的埋伏。晋军的中军精锐猛冲过来，把成得臣的军队拦腰切断。原来假装败退的晋军也回过头来，前后夹击，把楚军杀得七零八落。

坐镇后方的晋文公得知消息后，立即下令，命令将士们只需赶走楚军即可，不必再追击。成得臣率领残兵败将返回途中，觉得无法向楚成王交代，便自杀了。晋军占领了楚国营地，把楚军遗弃下来的粮食吃了三天才回国。

晋国打败楚国的消息传到周都洛邑，周襄王和大臣都认为晋文公立了大功。周襄王还亲自到践土慰劳晋军。晋文公趁此机会，在践土给天子造了一座新宫，还约了各国诸侯进行了一次会盟，订立盟约。这样，晋文公就当上了中原的霸主。

这就是历史上有名的晋文公"退避三舍"的故事。这场争战与其说是晋文公主动让步，对楚军进行谦让，不如说是一场战斗策略。这种策略，一方面使晋军在战术上更稳定。另一方面，通过这种让步，也表明晋国的仁至义尽，使得楚军不再有攻击晋国的借口。这种以退为进的谦让，不但使晋国赢得了战争，而且在道义上又不失诚信，成就霸业也就是很自然的了。

当然，一个人的格局并非越大越好，拿捏住适合自己能力的才是最理想的！能力虽小但格局却很大，最终可能因为能力不足而无法实现目标。因此，在人生的不同阶段，格局也需要根据自身实力来调整，这样才能逐步提升自己的咖位，走向更高的舞台。

想活得宽广，就要在方圆之间拿捏准定位

在人生的道路上，想要活出属于自己的潇洒，就需要我们在方圆之间拿捏准自己的位置。有一个成语叫“外圆内方”，比喻表面随和内心严正，而内心的严正就是我们所说的“原则”。

一个国家有自己的法律制度；一个军队有自己的纪律条令；一个企业有自己的规章制度；一个家庭有自己的规矩习惯；一个人有自己的主张和原则，这些都是“方”。这种“方”，犹如一座大厦的钢筋水泥结构，是大厦赖以存在、支撑和站立的基础。

从古到今，任何一个国家、民族，都有自己对于善恶、美丑的观念，并在此基础上建立自己的道德观念、法律制度和文化思想，立规矩以成方圆。如果只“圆”不“方”，忘记了“方”的根本，从大的方面讲，社会的法令和正确的思想观念就不能确立。从小的方面讲，个人也不能在社会上真正站立起来。

现实生活中，有些人内心方正，有些人内心圆滑；有些人对外方正，有些人对外圆滑。从这个角度考察，人呈现出四种形态：内方外方，内方外圆，内圆外圆，内圆外方。因此，在和不同形态的人物交往时，就要用到不同的交际之道。

在日常交往中，有些人直来直去，有棱有角，从而不太讨人喜欢。他

们往往性太直，情太真，血太热，气太傲。他们往往处事认真，不留余地；做事投入，过于突出；活力四射，难免张扬；才华过人，忘记平衡。他们坚持是我的错，我就承认，绝不东推西挡；是你的错，就是你的错，想赖也赖不掉。

这种人便是内方外方的人。表里如一、秉公立世，是对这些人的美丽评价。“不为五斗米折腰”的陶渊明、忠心耿耿的屈原、刚直无私的包拯都是这类人物的典型代表。如果社会上缺乏这种人，那是不堪设想的，因为他们是空气的去污剂，丑行的绊脚石。

同这种人交往，一要诚实。内方外方的人不会口蜜腹剑，不会阳奉阴违，是个值得信赖、值得尊重的人，所以要待之以诚。如果对他们虚伪猜忌，往往会使他们产生强烈反感情绪，并且他们还会把这种不满表现在脸上，使你们之间的心理距离扩大。

二要委婉。内方外方的人做事不灵活，言辞不变通，往往会使一些人陷入难堪境地，所以和他们交往，要注意婉转。当看到内方外方的人口无遮拦时，要采用一个合适的方式转移话题，或幽上一默，或赞扬一句，巧妙地加以引导。内方外方的人是心地纯正、刚直无私的人，不应该因为他们曾经“刺伤”过你，就对他们计较，就对他们发火。

有位内方外方的大作家在如日中天的时候，接到一位青年的来信。这位青年说，要同他合写一部小说。大作家看后，心中有点生气，他在信中毫无保留地写道：“先生：你怎么如此胆大包天呢？竟然想把一匹高贵的马和一头卑贱的驴子套在同一辆车上。”

这位青年灵机一动，在回信的开头写道：“尊敬的阁下：您怎么这样抬举我呢，竟然把我比作马？”

在信的后半部分，这位青年将自己的写作特长、潜力，合作的必要性、可行性以及对他成长的影响等一五一十地写出来。

大作家接到信后，哈哈大笑起来，立即回信道：“我的朋友：您很有趣，请把文稿寄过来吧，我很乐意接受您的建议。”

在这个事例中，青年十分聪明，他故意曲解原意，用幽默风趣又诚恳的言辞，出奇制胜，说服了大作家，也教会了我们在对待内方外方这种类型的人时，一定要学会诚实委婉。

在生活中，既有直来直去的内方外方型人，也有城府很深的内方外圆的人。当直来直去会伤害别人自尊心的情况下，当有棱有角会使自己陷入难堪境地的情况下，当方方正正不能达到满意效果的情况下，有些人就会采用圆润变通的策略。

明明是正确的，应该义无反顾地坚持，但因为坚持的阻力太大，就只好隐藏心曲，暗度陈仓；明明是错误的，应该理直气壮地驳斥，但为了保护自己，却只能皮里阳秋，从长计议。

这些人宁可雌伏苟且，也不雄扬招妒；凡事权衡利害，绝不感情用事。这些人，就是内方外圆的人。他们洁身自好，处世练达，既有原则性，又有灵活性。因为聪明强干，而又锋芒不露，喜怒不形于色，所以四平八稳，八面玲珑，在复杂的人际、利益关系中，往往游刃有余。

在动荡乱世和大厦将倾的危急时刻，内方外圆的人会和内方外方的人共同构成支撑濒危建筑的梁柱。洞明世事的诸葛亮、谦虚自律的曾国藩，是这类人的典型代表。

同这种人交往，一定要有礼有理。内方外圆的人虽然表面随和，但内心却是厌恶粗鲁、仇视邪恶。无礼无理的人是不能和这类人结为至交的。如果想缩短同这类人的心理距离，就必须表现出你的积极、健康、向上的交往心态。耻于见人、低三下四的言行举止，尽量在这些人面前少出现，如此，才能得到这类人的认同。

同这种人交往，还要有节有度。内方外圆的人，即使对他人相当反感，也不会把不满情绪表现在脸上。因此，同这类人交往，要拿捏好分寸，把握尺度，不要因为他的脸上挂着微笑，就得寸进尺，忘乎所以。

做人，拿得起放得下

人们常常执着于某些事物或是情感，难以放下。却不知道，只有懂得放下，才能获得内心的平静和自由。放下不代表放弃，而是学会摆脱束缚，超越困境，释放心灵的包袱。这种释放，能够让我们更加从容面对生活的起起落落，体验到人生的真谛。

能够拿起又能放下的人，才是人生的大赢家，这样的人通常更加宽容、豁达，能够享受生活带来的美好和快乐。他们不被物质所累，不被情感所困扰，能够更加深刻地理解人生的意义和价值。

而人生最大的幸福，就是要拿得起放得下，这也是人生的最高境界。时势造英雄，大运来时，振臂一搏，干下一番事业，可谓是拿得起；大限未至，急流勇退，主动舍弃名利，可谓放得下。古代有韩信，天下大乱之时，受封拜印，明修暗度，攻无不克，战无不胜，一时豪杰，多少美谈，算是拿得起。鸟兔走，弓不藏，天下定，忘还乡，惹来杀身之祸，是因为放不下。由此可见：“提”可以成名，“放”可以保身。

所谓拿得起，放得下，就好比打井水的桶，能够拿得起来，也能够放得下去。我们看到很多的政治人物、演艺人员，一旦不如意的时候，他就放不下。甚至一般老百姓，在爱情上、在财物方面受到挫折和损失，乃至学生考试失利了，他们都放不下。

对于一般人来说，要想让他放下功名富贵，那是很难的；要他放下心中的喜怒哀乐，更是不容易！放不下自然也就提不起，因此，就会觉得前途艰难，严重者甚至兴起了自杀的念头。

放得下的人，首先应该放下的是自己，其次要能够放下周遭所有的一切。所谓放得下并不是没有自己，而是指没有对抗心、没有舍不得之心。我们是双手空空地降临人间，死时又能带走些什么呢？又有什么东西放不下呢？只有随时随处，对任何事物无一丝牵挂，能如此，那才谈得上是自在、是解脱。

现在社会上有这样一句名言：放下身段！因为世间终究是花无百日红，人无千日好，能够放下身段，才能放得下，拿得起。即如清朝的宣统皇帝，原为九五至尊，但是到了最后却在北京植物园做一名清洁工。如果他不能放下身段，又怎么能生存于世间呢？

能放得下，就是为了能拿得起。放下自我，而奉献出自己；放下私利，而成就社会大众。提起之后必须放下，才会遂心顺意、舒卷自如；能大能小、自由自在。

为人处世就应该像这皮箱一样，用的时候要提起，不用的时候那就应该要放下。世间上的功名富贵原为人人所追求，功名富贵如果能够造福人间社会，也并不是不好；但是如果因缘不具，而失去功名富贵的时候，也要能放得下。

所谓的人生就是要能大能小、能屈能伸、能有能无、能高能低，只有这样的人生，才能够让你活出洒脱。现在的人，往往一句话他就放不下、一件事他也放不下，甚至为一个人而放不下，这都是因为心中没有承载力。如果心中宽大，能够放得下，拿得起，又何患事业无成呢？

爱迪生曾经说过：“没有放下就没有选择，没有选择就不会有发展。”

人生并非只有一处风景如画，别处风景也许更加迷人。当你失意的时候，不妨好好地品味这句话所包含的哲理。翻开成功人士的历史，你就会发现可以借鉴的例子比比皆是。

生命并非只有这一处灿烂的辉煌，包容过去，融通未来，创造人生新的春天，人生将更加明媚和迷人。认真思考自己该如何生活、如何为人处世，永远不要嫌太早或太迟。

未雨绸缪不但没有损失，反而使人获益良多，你必须让思想尽情地展翅翱翔，飞得越高，望得越远，才会走出眼前生硬的疆界，突破现有的桎梏。

现在就跨出新生活的第一步，对于自己的过去，大可不必耿耿于怀，是好是坏都已过去，且把它看作一张白纸，你心中就没有了埋怨与不满，生活的一切都会顺利平稳。

如果你认为你来到世上就是应该有所作为，那么你就更要重视自己的存在。每个人的生命都是伟大的、富有创造力的，只是我们常常忽视这一点。生活中永远不乏体验与成长机会，即便身处绝境，不也正是开辟新天地的大好时机吗？如果你一味沉浸在过去那些回忆里，那也只是在浪费自己的生命。选择什么样的生活，是你自己的权利，这是别人无法取代的。如果此时此地的生活并不快乐，也不成功，何不勇敢地尝试改变，去另辟蹊径呢？

有的人坚持着“矢志不渝”的思想，守着最初的道路不放。如果你坚信这条路是正确的，可以去坚持；如果从实际出发认为有偏颇，就应当毫不犹豫地退回来，另觅他路。

一件事情没有成功，也不要因此轻视自己的能力，许多人最后之所以没有成功，多半因为小看自己，或者是方向不对。

其实，每个人都有很大的发展领域。这时你应当重新审视自己是否应当改弦更张。固守一处，是看不到希望的，还会使你失去发展的机会，失掉可能的一些成功。

蒲松龄由于当时科举制度不严谨，科场中贿赂盛行，舞弊成风，他四次考取举人都落第了。最后他放弃了“科考”这条可以使自己走上仕途的道路，而选择了著书立说这条人生的道路。

蒲松龄立志要写一部“孤愤之书”，在压纸的铜尺上镌刻了一副著名的对联：

有志者，事竟成，破釜沉舟，百二秦关终属楚；

苦心人，天不负，卧薪尝胆，三千越甲可吞吴。

蒲松龄以此自励自勉。后来，他终于写成了一部文学巨著《聊斋志异》，自己也成了万古流芳的文学家。蒲松龄虽然在科举中落第，和仕途没有缘，但是他找到了成就自己的另一个方向。在这条新开辟的道路上，他取得了成功，也为后人留下了宝贵的精神财富。像他这样的例子在历史上不胜枚举。

由此可见，人生并非只有一处是辉煌的，天涯处处有芳草，别处的风景也许会更加迷人。站在特定的时间、地点，审时度势，做出你的选择，说不定就能找到你真正的生活目标。因此，你有时须从新的角度看待自己，重新找回自信心，你会发现自己有越来越多值得欣赏的地方。

唯有那些充满信心的人，才能够真正地认识自己，才可以注意到生命中那些微妙的层面，拓宽视野，抓住成功的机遇，走向生命的开阔处。

在这个世界上，为什么有的人活得轻松，而有的人活得沉重？前者是拿得起，放得下；而后者是拿得起，却放不下。有人曾经这样说：人生最大的选择就是要拿得起，放得下。只有这样，才能活得轻松而幸福。朋友，拿得起是一种勇气，放得下是一种度量。

对于人生道路上的鲜花、掌声，有处世经验的人大都能等闲视之，屡经风雨的人更有自知之明。但是对于坎坷与泥泞，能以平常之心视之，就非常不容易。大的挫折和大的灾难，我们要坦然地面对、承受，这是一种胸襟和度量。佛家通常以“大肚能容天下之事”为乐事，这便是一种极高的处世境界。

既来之，则安之，便是一种超脱，但是这种超脱，又需要多年磨炼才能养成。生活有时会逼迫你，不得不交出权力，不得不放走机遇，甚至不得不抛弃爱情。你不可能什么都得到，所以，在生活中应该学会放下。

有一个欧洲的观光团来到非洲一个叫亚米亚尼的原始部落。部落里有位老者，盘着腿安静地在一棵菩提树下做草编。草编非常精致，吸引了一位法国商人。

法国商人想：要是将这些草编运到法国，巴黎的女人戴着这种草编的小圆帽，挎着这种草编的花篮，将是多么时尚多么风情啊！想到这里，商人便激动地问：“这些草编多少钱一件？”

“10比索。”老者微笑着回答道。

天哪！这会让我发大财的！商人欣喜若狂。

“假如我买10万顶草帽和10万个草篮，那你打算每一件优惠多少钱？”

“那样的话，就得要20比索一件。”

“什么？”商人简直不敢相信自己的耳朵！他几乎大喊着问：“为什么？”

“为什么？”老者也生气了，“做10万件一模一样的草帽和10万个一模一样的草篮，这会让我乏味死的。”

商人还是不能理解，因为在追逐财富的过程中，许多人忘了生命里有许多东西是应该被放下的，当你放下了许多东西时，你才能得到一些东西。

我们常说一个人要拿得起，放得下。而在付诸行动时，“拿得起”容易，“放得下”难。所谓“放得下”，是指心理状态，就是遇到“千钧重担压心头”时能把心理上的重压卸掉，使之轻松自如。所以，人生最大的包袱不是拿不起，而是放不下。

拿得起，实为可贵；放得下，才是人生处世之真谛。生活当中，难免遇到不平之事，只有放得下，我们的生活才能平静下来。

你要善良，但是必须带点锋芒

善良是做人的基本准则，善良可以赢得他人的尊重和信任，建立起良好的人际关系。在现实生活中，善良与锋芒之间的平衡是非常重要的。只有在善良的基础上加入适当的果断和坚定，才能更好地处理各种人际关系，保护自己的利益，同时也让他人对我们有所敬畏和尊重。

有这样一句话："给予就会被给予，剥夺就会被剥夺；信任就会被信任，怀疑就会被怀疑；爱就会被爱，恨就会被恨。"你善待别人，别人也会善待你，帮助别人其实就是帮助你自己。这是"人际交往的白金法则"中一个最直接而有用的结论。

以仁爱之心，善待他人，这是我们每一个普通人都能够做到的。无论得意时还是失意时，只有选择善待他人，才能获取别人对自己的善待；真诚地去帮助他人，我们的内心就会充满温馨，我们平凡的人生，也会因此显得更加充实和有意义。然而，单纯的善良有时会被误解为软弱和易被欺压，因此在善良的基础上必须带有一定的锋芒，表现出果断和坚定的一面。所以，在善待他人、给人以帮助的时候，也要注意方法，拿捏分寸。

有一个阿姨一直在工地附近卖粥，她把价钱定得很低，因为她觉得农民工赚钱很辛苦，所以不忍心盈利。就这样，日复一日，她的粥从来没有涨过价，即使后来根本就收不回来成本了，她还是没有涨过价。

有一天，一个农民工在喝粥的时候偶然喝到一粒沙子，他恼怒地一下子掀翻了粥桶，大骂阿姨缺德，赚黑心钱。这位阿姨从此凉透了心。

这位阿姨无疑是一个善良的人，但是她的善良太过了，失去了自己的锋芒，便被别人习以为常，甚至欺负到了她的头上。

2018年，《延禧攻略》可谓一匹黑马，斩获无数收视和流量，这里面有一个小片段令人津津乐道：

这天，娴妃代表皇家到地安门施粥赈灾，但是她带人到了地安门才发现，难民远比想象的多。一开始情况还算顺利，然而随后便有一群人大声叫喊，说娴妃提供的食物里有沙子，并指责她是出于虚荣心和名利心才施粥，根本就是在装样子。他们还声称娴妃准备的食物远不足以满足众人需求，一时间吵吵嚷嚷。不明真相的难民便被煽动起来，场面一度无法控制。

但是娴妃却很镇定，她发现那几个闹事之人穿着干净、完好的布鞋，而难民的布鞋早已破烂不堪，因此她判断：这些人根本不是难民。

真实情况确实如此，这几个人是地痞无赖，他们故意搅乱施粥现场，制造矛盾，挑拨关系，意图破坏娴妃施粥的行为，想让她失去太后和皇帝对其工作能力的信任。

在拿下这些闹事的人之后，娴妃很快稳定住局面，并想出了后续对策：她将难民分成两拨，老幼病残可以直接喝粥；而有劳动能力的人，想要有饭吃就必须付出相应的劳动。因为从来没有过这种先例，因此有人提出质疑。娴妃却语重心长地说："现在每个难民都摆出一副讨债的嘴脸，慈善如果全部无偿的话，就不会有人去珍惜了。"

听说喝粥还要干活，那些不需要粮食的人便纷纷离开，施粥得以顺利进行。

这里的娴妃便深知"升米养恩，斗米养仇"的道理，因此才能把事情办得如此顺利。所以，带有锋芒意味着坚守原则，果断做出决策，不轻易妥协自己的立场。这样，才能在与他人交往中既保持善良、友善的品质，又在必要时展现坚定和果断的一面，确保自己的权益不被侵犯，同时也让他人明白自己的底线和原则。

在人生的波涛中，学会能屈能伸

在很多时候，生活总是会给我们设下重重难关，困难和挑战更是逼迫得我们无所适从。在这种时候，我们就需要学会巧妙地变通和妥协，而不是僵硬地直面一切。在人生的道路上，拿捏好分寸，能屈能伸，不仅是一种智慧，也是让我们走得更远的关键。

花卉最美就是含苞待放时，酒喝到略带醉意为适宜。这种花半开和酒半醉含有极高妙境界。反之，假如花已盛开而酒已烂醉，那不但煞风景而且也活受罪。人的一生有过那么几分钟快乐，有过那么几分钟真正的沉静，有过那么一点点的真实情感，那就足够了。

作为一个人，尤其是一个才华出众的人，要做到不露锋芒，既能有效保护自我，又能把才华充分发挥出来，就要说服、战胜盲目自大的病态心理。凡事不可太张狂，太咄咄逼人，谦虚在这个时候就显得尤为重要。

所谓“花要半开，酒要半醉”，凡是鲜花盛开娇艳的时候，不仅立即被人采摘而去，还是衰败的开始。而人生也是如此，当你志得意满时，切勿趾高气扬、目空一切、自以为是，否则别人不将你视为靶子打击才怪呢！

无论你的才智多么出众，一定需要谨记：不要把自己看得太了不起，不要把自己看得太重要，不要把自己看成救国济民的圣人君子，适当的时候要掩饰起你的才华，能屈能伸才能够走得长远。

处于低谷不颓废，遇到困难不退缩，一帆风顺不得意，成绩面前不炫耀，永远保持着踏踏实实、平平常常、自自然然的生活态度和格调，才能成熟、理性、豁达、自重、睿智地处世做事。

刘备在投靠曹操之后，仍怀抱雄心壮志。为防止遭到曹操的谋害，他就在住处的后院种菜，亲自浇灌，实为韬晦之计。

关羽和张飞对此不解，问道："兄长，你不留心天下大事，却学小人之事，为什么呢？"

刘备说："二位兄弟以后自然就会知道。"关羽、张飞也就不再多言了。

一天，曹操派人请刘备去赴宴，而刘备不知曹操有何用意，心里忐忑不安。酒到半酣，忽然阴云密布，骤雨将至。

曹操突然问道："玄德游历四方，一定非常了解当世的英雄，请说说看。"

刘备历数了袁术、袁绍、刘表、孙坚、刘璋、张鲁、张绣等人。不料，曹操拊掌大笑道："这些碌碌无为之辈，何足挂齿！"

刘备说："除了这些人之外，我实在不知道了。"

曹操说："凡是英雄，都是胸怀大志，腹有良策，有包藏宇宙之机，吞吐天地之气。"

刘备说："那谁能担当此任呢？"

曹操先用手指指刘备，后又指指自己，说："当今天下英雄，只有你和我了。"

刘备闻听此言，大吃一惊，手中所持的筷子也掉到了地上。

正巧这时，外面风雷大作，刘备便从容俯下身去拾起筷子，说："一震之威，乃至于此。"

曹操笑着说："大丈夫也怕雷震吗？"

刘备装作唯唯诺诺的样子，说道："圣人云'迅雷风烈必变'，怎能不怕呢？"

就这样，刘备巧妙地掩饰了自己的失态，从此，曹操也不再怀疑刘备怀有雄心壮志。刘备在此期间一直装作无所作为，到后来才在赤壁之战中大败曹操，而形成三国鼎立的局面，从而完成自己的大业。

我们也应该学习古人的智慧，结合我们的社会关系，将这种智慧运用到自己的工作和生活中。

有这么一位大型集团的董事长秘书，她本人精明能干，深得董事长器重，同时也受到同事们的欢迎，因为在日常工作中，她从来不会觉得自己在董事长身边工作就高人一等，与同事建立了良好的关系，营造了和谐团结的工作环境。这位秘书这样受人喜欢主要是做到了以下五个方面：

第一，对待同事态度谦和，从不盛气凌人。她认为自己和其他同事相对于董事长来说，都是下级，自己身为秘书，要始终摆正自己的位置，不以领导自居。因此无论是传达领导指令，还是沟通工作，她都非常注意自己的态度和语气，处处做到谦和有礼。

第二，积极帮助同事解决问题。当发现同事出现失误时，她会及时、善意地提醒，而不是袖手旁观，等着看同事出丑；如果同事无法解决困难，她会积极地帮助解决或解释清楚原因，争取让同事得到理解。同时，她还会注意保护同事的个人隐私，照顾好同事的自尊心。

第三，正确处理与同事之间不可避免的矛盾与摩擦，在被误解的时候能屈能伸。每当遇到同事误解的时候，她不会急着争对错，也不会推诿责任，而是先倾听对方的意见。如果是自己有做得欠妥的地方，她会主动担责，及时改正；如果同事的做法确实损害了公司利益，那么她会坚持自己的立场，并耐心向同事说明原因。

第四，根据同事的不同性格采取不同的交际策略。这位秘书与性格沉默少言的同事沟通时，会采用直截了当的沟通方式，直接询问对方的意见；与性格比较傲慢无理的同事沟通时，她会采用不卑不亢的沟通方式，言简意赅、干脆利落地说明问题，不给对方摆架子的机会。

第五，与同事求同存异，共同完成工作。在与同事共事时，如果发生分歧，她会尊重同事的意见，争论而不争吵，努力寻找共同点，争取求大同存小异；难以达成一致意见时，她会采取冷处理的方法，让大家先冷静一下再讨论。但是如果涉及公司利益，她会坚持到底不妥协，不会以和为贵而掩盖矛盾。

正因为这位秘书对同事能够做到宽容、理解和真诚，在处理问题的时候张弛有度，能屈能伸，所以才赢得了同事们的感激与尊重。

要想做到能屈能伸，除了要加强学习、提高素质、强化人品修养外，最重要的还是要有一颗平常心。人生在世，有成功与自豪之时，也有失败和失落之时。如何面对，不仅反映出一个人的觉悟、境界，同时也是一种现实考验。不论在什么情况下，对个人的名利、进退和荣辱，都要看淡一些、超脱一些。正如古人所说“去留无意，看庭前花开花落；宠辱不惊，望天上云卷云舒”“无故加之而不怒，猝然临之而不惊”，要调整好心态，把握住自己，脚踏实地往前走，始终以高昂的精神状态和一流的工作标准谋事尽责，多做贡献。事业成功，不会沾沾自喜、忘乎所以；个人进步，不会孤芳自赏、扬扬得意。

第二章

处世有尺度，人生才有前途

在社会生活中，我们需要学会拿捏分寸，既不过于张扬，也不过于低调，保持心平气和，不被表面的风风雨雨所左右。有尺度，不是软弱和妥协，而是一种高超的处世境界。

拿捏好处世尺度的智者，懂得进退，懂得装糊涂，在逆境中沉着应对，在顺境中保持清醒，不被得失成败所困扰。在适当的时候坚守原则，在必要的时候做出让步，灵活变通，不拘一格。

当我们在人生道路上拿捏好处世的尺度，便能够成为一个有用之人，在社会上发光、发亮，从而让我们的未来充满希望和光明。

有人情味，你的人生才会左右逢源

人情世故并非只是表面的交际技巧，更是一种真诚、善意和关怀的体现。在与他人相处时，展现出人情味，不仅能够拉近彼此的距离，还能够培养出真挚的友谊和互助的精神。这种亲密的人际关系，能够让我们的生活更加丰富多彩，充满着乐趣和意义。

社会上流行着这样一种说法：古代社会是人情的社会，一个人事业的成功与否，取决于人们懂不懂人情世故，以及是否能如鱼得水一般地处理好人际关系。然而到了现代社会，则是一种规则的社会。人们谋生也好，升官晋爵加薪也好，与他人建立某种关系也好，主要依据各种规则、法律和制度来行事。

可是，根据大多数人的实际生活经验来看，这种说法并不完全成立。且不说中国自古就有并一直延续至今的人情至上的传统，不然何来的“网开一面”之说呢？

即使观之当代中国社会，我们也能感受到浓重的人情味，甚至可以说不懂人情、不会处理人情者，在社会上简直就寸步难行；反之，重人情、善于处理人情者，则可以左右逢源，活得太平、滋润、飞黄腾达。这是什么原因呢？

首先，人情是相识。世上的人如此之多，而我们所能认识的人又有多少？所以，只有相识者才可能渐渐地培育出感情来，这就是人情。人常说：熟人好办事。不熟者当然就不好办事了。一个人在社会上生活，要立足、要谋求发展，总是需要办各种各样的事，因此，你就得多认识人，而且，认识得越多越好，相识得越深越好。

其次，人情是感情。人们身在“江湖”，与人的交情仅停留在相识上是远远不够的。你想办事顺利，人生之路顺畅，就必须把相识者培养成“哥们儿”“姐们儿”“兄弟们”。而想要相互间的关系更密切些，这就需要我们懂得感情投资，由此，才能培育出较为深厚的感情。在此基础上，你才能指望得到他人多方面的帮助。

一个人懂得人情的重要性，并且能够在生活中，注意去培养浓浓的人情，能从与他人的相识迅速升温到感情融洽无间，其朋友也就能遍天下了；如果他还能够在家中注意处理与亲人的关系，使之不仅和睦，而且能在有难处的时候伸出援手，那么生存的根基也就相当的牢固了。一个人，内外的人际关系皆能处理得当、应付自如，也就可以誉之为古人所谓的“人情练达”。

人情练达者还懂得许多结交人的技巧和方法，懂得如何使一个陌生人转变成熟人，并且又能使熟人快速成为与己关系密切者，终使其对自我之生存有所帮助。所以，在生活中，他们舍得花时间、花精力、花代价来培育人情。

人情练达者还十分喜欢沉溺于人际关系网中，喜欢处理复杂的人情世故，犹如鱼儿离不开水一样，人情练达者也离不开复杂的人际关系网。如果将人情练达者与不懂人情世故者进行比较，两者生存的方式哪个更佳呢？应该说，不懂人情世故者虽然能保持一个比较完整的自我，但往往在生活上十分艰难，在社会上则寸步难行。而一个人情练达者在生活中虽然能路路通，可是他却难以保持自我的独立性。因为一个人既要懂人情又要去做人情，往往就不能按自己的心愿行事，而必须要去揣摩他人的想法、爱好、脾气，并使自己尽量去投其所好，避其所恶。如此，其人生不仅很累，而且渐渐地磨掉了自我的性格。

可是，不懂人情世故者，不善于或不愿意去培育人情者就轻松吗？那也未必。自己生活的圈子很小，自己的熟人很少，朋友又寥寥无几，怎么可能轻松呢？他的生活一定是很沉重的，虽然其内心可以依旧纯粹，自我能够保持得一如从前，但是人生道路上处处皆滞碍，难道就真的不累吗？

那么，我们究竟是做一个不懂人情世故者还是做一个人情练达者呢？在现代社会，要想远离人情，保持一个完完全全的自我，几乎是不可能的。所以在生活中，我们必须要了解人情，不仅要懂得人情，还要培养人情，使亲情更浓郁，使与他人的关系更密切，由此达到办事方便、生活顺利之目的。

现代社会的特点之一，就是快节奏，变化十分迅速，流动性非常大，随之而来的，便是现代人的孤独更甚于以往。而善于处理人际关系的人却有这么一个好处，那便是不会孤独。

如果你不善于交往，不善于处理人际关系，没什么人情往来，那么孤独就是你挥之不去的伴侣，而这种状态，是人生幸福最大的杀手之一。虽然人情练达者意识到现代社会人情的重要性，且拥有庞大的人情网，但并不是说什么事情就都好办了。人情练达者也并不是时时事事皆能顺心如意的。

我们做人一世，要想获得幸福和成功，就要讲究处世的艺术，要讲究内方外圆。这样可以在不失自己做事原则的基础上，减少很多人际间的摩擦，同时也可以体现出一种宽容、尊重、和谐的生活态度。世人多烦恼少快乐，现代人的快乐更少，皆因人的欲望太多、期望太多，不能满足，自然烦恼丛生。做人，要追求快乐，就应该适当克制一些不切实际的欲望和期望，让生活简单化，让人与人之间的交往简单化，让心灵永远保持单纯、平静，这样，平淡的一生自然会快乐许多。

李嘉诚被人称为商场上的超人和太极高手，因为他善于谋算，又善于使用柔术；固守自己的原则，但又不失灵活变通；在自己的原则之下能够把争利与让利并为一手。

在商场上，李嘉诚总是力求做到方圆兼济来达到自己的商业目的。他在商海生涯中对方与圆、屈与伸的掌握与运用，可谓达到了出神入化的境界。在屈与伸之间，争利与让利兼顾，是最复杂的方圆之道，更是最符合实际、最有实用性的法则。

曾有记者询问李嘉诚与地铁公司、汇丰银行合作成功的奥秘，李嘉诚说："奥秘实在谈不上，我想重要的是首先得顾及对方的利益，不可为一己私利斤斤计较。对方无利，自己也就无利。要舍得让利使对方得利，这样，最终会为自己带来较大的利益。"

李嘉诚认为，一个人的人格魅力是用金钱所买不来的。因为这是一笔更大的财富，相对于赚钱，名誉受损反而更不可忍受。针对有政客拿他"说事"，李嘉诚感到委屈，愤而为自己辩解："是我的钱，一块钱掉在地上我都会去捡。不是我的，一千万块钱送到我家门口我都不会要。"

事实上正是如此。李嘉诚遨游商海数十年，对原则问题向来说一不二，哪怕大把银子堆在眼前，不动心就是不动心，这大概是李氏王国多年不败的一大法宝。

李嘉诚曾经在巴拿马国投资，拥有集装箱码头、飞机场、旅馆、高尔夫球场以及大片土地，成为当地最大的海外投资商。巴拿马政府为表示感谢，拿出很多商人求之不得、一定可以赚大钱的赌场牌照作为酬谢礼物。

面对送上门的钱财，李嘉诚却婉言谢绝，他说："我对自己有个约束，并非所有赚钱的生意都做的。"

巴拿马总理找到李嘉诚，说："一大堆商人追着要这个牌照，我都没有给，你这么大的投资，我一定要给你。你有三家旅馆，随便你放在哪一家都可以。"

盛情难却之下，李嘉诚做出妥协，但是他并没有自己接受赌场牌照，而是在旅馆外面另外建独立的房子给第三者经营，并且由第三者直接跟政府洽谈条件，他的公司只赚取租金。李嘉诚说："旅馆的客人要去哪儿，我不管，但是我的旅馆里绝对不会开设赌场。"

用现代的生意眼光来看，这件事情当然会有各种不同的解读方式。但是李嘉诚却说："这是我的原则，原则必须坚持。"

为人处世要既有原则性又不失灵活性，也就是要做到对人情世故的精准拿捏和把握。过于直率的人容易得罪别人，别人就会远离你。处理事情要精细之中有果断，认识道理要正确之中有通达灵活，这样才不至于冥顽不灵。

别内卷，处世有弹性才是王者之道

在当下社会的快节奏发展中，内卷现象层出不穷，让人感到压力山大。然而，如果想在这个充满竞争和挑战的世界中立于不败之地，处世就必须具备一定的弹性，这样，才能真正做到游刃有余、左右逢源。

在面对挑战和困难时，能够适度调整自己的姿态和策略，找到最适合自己的方式应对，这样才能化解危机，赢得对局势的控制权。与其僵硬坚持，不如灵活变通，保持平和的心态，这才是真正的王者之道。

在迎接新时代的挑战时，既有人拼命内卷，也有人认命躺平，其实这是消耗自己的两种极端表现。拼命内卷的人总有一天卷不动，不是耗垮了自己的身体，就是看到总有比自己优秀的人而心态崩溃；躺平的人就更不用说了，越待越懒，最终成为一只米虫，一无是处。因此，要想健康、正向地生活在这个世界上，就要学习弹簧，有一定的伸缩性，“内卷”有尺度，“躺平”有分寸，才是合适的。

当然，有弹性不是让人在遇到困难的时候选择退缩，而是给自己留下一些空间，以便有机会的时候可以进步。这种弹性并不意味着软弱和失败，而是一种智慧和策略，能够让我们在困境中找到突破口，在挫折中成长。

弹性思维是一种智慧，能让我们更加谨慎和深思熟虑，避免盲目冲动和错误的选择，让我们更加明智地前进，稳步向前，不断成长和进步。

因此，不要因为困难而气馁，而应该以更加明智的态度去面对挑战，找到解决问题的方法。退一步并不意味着失败，而是为了更好地迈向成功，展现出真正的勇气和智慧。只有适当地有弹性，我们才能在人生的征程中不断进步，走得更远、更稳健。

张晨是一位精明强干的年轻人，他在一家外资企业做事。为了工作方便，每个人都有一个英文名字，张晨的英文名字是一位外籍教授给他起的，富有深意，张晨十分喜欢，但是对大多数人来说有些拗口。

张晨所在的部门中有一位同事，年龄、学历等各种条件都与他相仿，只是这位同事的英文名字十分简单，叫“约翰”。张晨对此不以为然，认为这个名字太过普通，实在配不起他的学识和身份。他一直很喜欢自己的英文名字，但是没想到却在这上面吃了大亏。

两个条件相近的年轻人在同一处工作，自然会有竞争。时间长了，张晨发现自己的能力和干劲虽然不比约翰差，可是外国老板却明显更加赏识约翰，而且有一次晋升的机会老板也给了约翰。张晨感到十分苦恼，但是又不知是什么原因。

有一次，张晨被派去做一项难度很大的工作，在工作过程中，他充分发挥才能，事情办得利落漂亮。这位外国老板非常高兴，夸赞他说：“你比约翰要强。”外国老板接着又问他，“你能否换个英文名字呢？你的名字太拗口了，我总是想不起来你具体叫什么。”至此，张晨才明白，原来自己先前与约翰待遇的差别，是由名字引起的。

张晨也想明白了，名字就是一个代号而已，即使那个名字再富有深意，自己再喜欢，在工作中还是应该以便捷为主。人要在一定程度上放弃固执，以顺应大的环境，与时俱进。特别是向着某个既定目标努力时，如处处执拗，只能被环境所淘汰。

因此，张晨也起了一个顺口的英文名字，得到老板赏识的次数也越来越多，升职加薪指日可待。

在实际工作中，任何事物的发展都不是一条直线。智慧之人能看到直中之曲和曲中之直，并能不失时机地把握事物迂回发展的规律，通过迂回应变，达到既定的目标。反之，一个“一根筋”的人，只会四处碰壁，被撞得头破血流。

因此，一个人具有弹性思维，可以帮助其重新审视问题，调整策略，从而推动整体的进步。无论是在工作还是生活中，为人处世都要给自己留下一些余地。就像弹簧一样，能够被压扁一些，才有空间伸长一些。

用心中的尺度，来识别人性的好与坏

在生活的道路上，我们每个人都像是手持天平的裁判，不断地衡量着身边人的得失。但其实，无论是亲情、友情还是爱情，用心中的天平对待每一个值得珍惜的人，才能真正体会到生活的平衡之美。

天平左边放的，是我们要面对的形形色色的人，他们每个人都是独一无二的，拥有各自不同的性格、习惯和情感；天平右边放的是我们的砝码，应对对方的个性，不断调整自己的行为方式，才能使天平的两端保持平衡。心中有天平，待人有尺度，针对不同的人调整自己的应对之策，能够避免一条道走到黑。

鲁迅先生在《准风月谈·难得糊涂》中说：

> 然而风格和情绪、倾向之类，不但因人而异，而且因事而异，因时而异。

也就是说，每个人都有自己的脾气秉性，因此要区别对待，否则轻则得罪别人，重则自己要吃亏。因此，我们在说话做事的时候要掌握好尺度，摸好对方的脾气秉性之后，再有针对性地说话、做事，才能左右逢源。

这个社会是个大熔炉，我们要面对形形色色的人，他们或许跟自己的身份不同，知识结构不同，性格特点不同，因此只有掌握好这种尺度，对待每个人要以不同的方式才能不令人反感，从而拉近和对方的距离。而有一位“呆秀才”就不懂得这个道理，从而两次让自己陷入尴尬之中。

有一次，这位“呆秀才”下乡，被一条水沟挡住了去路。他赶紧取出书来，仔细查找如何过沟的方法，却怎么也找不到答案。

这时走过来一位农夫，看这个秀才过个小水沟还要翻书觉得很好笑，便好心好意地告诉他：“不用翻书，跳过去就行了。”

秀才听了农夫的话，收好书本，双脚用力一蹬，使劲往上一跳，没想到竟然“扑通”一声落到水中。

那个农夫一看，哈哈大笑，赶紧上前说道：“不是这么个跳法。”只见他单脚起跳，一跃而过。

秀才看着农夫，埋怨说：“单脚起步为‘跃’，双脚起步为‘跳’，你该说‘跃’，不该说‘跳’。”但是，一个读过四书五经的秀才和一个目不识丁的农夫说“跳”和“跃”的区别，他也听不懂啊！秀才只得狼狈地从沟里爬出来，全身湿漉漉地往前走。

又有一次，呆秀才想要买柴，前面正好有一个卖柴人背着一捆柴要去集市上去卖。呆秀才对卖柴人喊道：“荷薪者，过来！”

卖柴人不知道“荷薪者”就是“卖柴的”，但是听懂了“过来”两个字的意思。于是把柴担到秀才面前。

秀才问他：“其价如何？”

卖柴人不太懂这句话的意思，但是听得懂“价”这个字。于是就告诉秀才价钱。

秀才接着说：“外实而内虚，烟多而焰少，请损之。”意思是说，你的柴外表是干的，里头却是湿的，燃烧起来，会浓烟多而火焰小，请减些价钱吧！

这次，卖柴人再也听不懂秀才说的话，于是，担着柴就走了。秀才最终也没有买到柴。

这个秀才就是一个典型的负面例子，我们在与人沟通的时候，要根据对方的身份、性格、专业等调整自己说话的方式，避免尴尬。

一位名牌大学毕业生到一家大公司应聘。他认为：凭自己的学历，不论到哪家公司任职都是很有希望的。

当他面对HR时，还不等HR向他提出问题，便滔滔不绝地做起了自我介绍，并不时地提到自己的学历如何之高，高学历同企业的管理水平是密不可分的，等等。

当时HR显得很不耐烦，又无法直接打断他，便顺手抓起一张报纸看起来。

当这个应聘生看到招聘人员做如此举动的时候，只好停了下来，同招聘人员打了一声招呼，很不自然地迈出招聘办的门槛。

他一连走了好几家公司，都如出一辙。这时，他偶然间得知高中时的一位同学，正在他第一次应聘的公司工作，便向这位同学说了自己面试时的情况。这位同学说：“我们公司并不重视学历，最重要的是你的德行。”这一句话使他茅塞顿开。

当这位大学生再次进入这家大公司的招聘办时，万幸的是由于应聘人员太多，HR并没有注意到曾经来过一次的他。这次，他一改上次的行为作风，先是同HR恭敬地打过招呼，再等待HR的发问。最终，他如愿以偿地进入了这家公司工作。

这个应聘者犯了和“呆秀才”相似的错误，“呆秀才”说话不会分人，应聘者说话不会分场合。要知道，这是职场面试，不是比赛竞答。对于HR来讲，他们只想找到符合公司要求的人，对于应聘者光鲜亮丽的学历不感兴趣。而且，这位应聘者在面试之前，显然是没有做过即将面试公司的企业文化调研的，否则就不会不知道，这家公司的招聘重点是德行而不是学历了。

我们在这个世界上生存，就要注意这些，我们生活的环境是怎么样的，需要的是什么样的人，只有懂得这些，才能够游刃有余，收放自如。

因人而异地待人接物，能够建立更加和谐的人际关系。了解并尊重他人的个性特点，能够让我们更好地沟通和相互理解，避免不必要的冲突和误会。通过灵活运用不同的交往策略，我们可以更好地获得他人的信任和支持，建立起更加紧密的人际关系网。

当我们能够站在对方的角度去思考问题，理解对方的需求和感受时，就能够展现出更多的宽容和包容，赢得他人的尊重和喜爱。这样的待人接物方式，也会为我们树立良好的人格形象，使我们在社交场合中更加受欢迎。

难得糊涂，才是人生的精明之道

很多时候，难得糊涂，才是人生的精明之道。面对种种抉择和困难，我们常常努力思考权衡，追求最完美的结果。然而，有时候过度的计较和执着，反而会让我们陷入焦虑和烦恼之中。

难得糊涂，并不是漠视困难，而是放下一些包袱，接受生活的不确定性和变化。这种从容并非懦弱，而是一种胸怀与智慧。

郑板桥的一句“难得糊涂”，使古今中外多少掌权者渡过了难关，使他们进可攻退可守，处理事情游刃有余。仅仅几字便让他们拍手叫绝，堪称制胜法宝，既掌权又用权，为此又怎能不“糊涂”？

一些生意人认为，如果事必躬亲，所有的功劳将会归于自己。但是他们没有想到，每一个决定都是具有风险的，成功了是功劳，失败了是罪责，光想成功而不想失败，未免过于天真。

将自己推上第一线，固然可以在成功时独领风骚，可是失败时也要成为众矢之的。撇开个人得失不讲，这样对公司也毫无益处。如果将权力下放给部下，自己退到第二线，对自己未必没有利。

如果部下成功了，这功劳自然少不了自己一份。姑且不说领导有方，至少也是用人得当。如果部下失败了，自己还可以挽回局面，可以干预、调整甚至撤换人员，若能转败为胜，仍不失英明。

难得“糊涂”，是指在有些非重要的问题上“糊涂”一点，进可攻退可守，处理问题游刃有余，所以人们常说：“大智若愚”。不过，当一个“糊涂”人，有三点要注意：

第一，所谓“糊涂”是“装糊涂”。大智若愚的精辟之处不在“愚”，而在“若”。令自己处于“不知道”的角色，只不过是为了今后处理事情更加方便，但是这并不意味着自己是真的不知道，或者不应该知道，不去了解情况，掌握信息。

第二，“装糊涂”的主要宗旨不是推卸责任，而是应变、掌握调整决策的主动权。若要推卸责任，撒手不管岂不更好？另外，决不能在一切事情上都“糊涂”，事关发展存亡的重大事情，就决不能糊涂。

第三，在与人合作的时候，决不能糊涂，选人要慎重，所谓“大智”全在于此。一个团队出错，如果事事均要自己出面收拾残局，那么说明你和真糊涂就无异了。如果是合作者出错了，有问题要指出，但决不要因此影响大局。

李经理一直以来都以认真、负责的工作态度著称。有一次，公司接到了一笔重要订单，客户对产品的质量和交付时间都提出了非常高的要求。这对于生产部门来说是一个巨大的挑战，需要严格的质量控制和高效的生产计划。

面对这个任务，李经理决定亲自带领团队进行生产管理，并确保每一个细节都不被忽视。他首先对生产流程进行了全面的分析和调整，优化了生产线的布局和作业流程，以确保生产效率和质量。同时，他还和团队制定了详细的生产计划和质量检验标准，要求每一个环节都严格按照要求执行。

在生产过程中，李经理时刻关注着产品的质量和生产进度，他经常亲自到现场检查，并与生产人员进行沟通和协调。他不厌其烦地查看每一个细节，确保每一个工序都符合标准，每一件产品都符合客户的要求。甚至在一些关键环节，他会亲自动手，与工人们共同完成工作，以确保一丝不苟的质量。

最终，在李经理的严格要求和精心管理下，生产任务顺利完成，产品质量得到了客户的高度认可，公司也因此赢得了良好的声誉。李经理以其一丝不苟的工作态度和对细节的关注成了公司的楷模，他的团队也受到了激励，工作效率和质量水平都得到了显著提高。

李经理做事严谨，条理清晰，一丝不苟。但是，他从不苛求自己的下属，如果下属犯了错误，只要不影响大局，他就会“难得糊涂”，不给下属增加额外的心理压力和负担。

有一次，公司紧急启动了一个重要的项目，需要所有团队成员全力以赴，保证项目按时完成。程序员小张被分配到了项目的关键环节，这对于他来讲是一个重大挑战。在项目进行的过程中，由于时间紧迫和任务繁重，小张不慎在编写某个模块的代码时犯了一个小错误，导致程序无法正常运行。

当小张发现自己犯了错误时，他感到非常焦虑和内疚，担心因为自己的疏忽给项目带来影响。然而，李经理并没有立即责备他，而是冷静地指出问题并帮助他进行修正。

在李经理的指导下，小张很快找到并修复了代码中的错误，项目得以继续进行。

李经理还鼓励小张说：“每个人都会犯错误，关键是要及时发现并改正，这才是成长的过程。你做得很好，继续努力，我们一起把项目完成得更好。”

最终，在整个团队的努力下，项目顺利完成，客户也对成果表示了高度赞赏。小张在经历了这次团队合作之后，业务更加娴熟，工作态度更加认真，这一切都和李经理的支持和理解是分不开的。

事事精明、力求完美是一种美好的品质，但是如果矫枉过正，就会影响整个事态的发展。尤其是在与人合作的时候，更是要小事上放松，大事上认真，才能正常发展。虽然细节决定成败，但过分追求细节，有时可能会让人陷入琐事纷扰，影响工作效率和判断力。相反，把握整体大局，能够帮助我们更好地理解工作的重要性、目标和方向，从而更有效地推动工作的进展。

当然，在生活中，并不是说让我们忽视细节，而是要在处理细节时有所取舍，根据整体大局和工作重要性进行优先排序。把握整体大局意味着我们要有清晰的目标和规划，同时灵活处理细节，面对未知的人和事才能以更高效、更全面的视角来拓展我们的思维，让我们的生活顺利进行。

不要话说太满，给自己留条后路

生活就像一条河流，如果我们把路堵死了，不给自己留下一丝余地，那么河水就会汇聚成洪流，会泛滥成灾。同样地，如果我们对待问题过于死板，缺乏灵活性和包容心，那么可能会给自己和他人带来更多的困难和痛苦。

因此，学会拿捏尺度就显得尤为重要。在面对挑战时，我们可以给自己留有余地，不要把自己逼入绝境，而是寻找解决问题的新路径。同时，也要学会在与他人相处时留有余地，尊重他人的选择和权利，避免把路堵死。拿捏好尺度，这样才会让彼此都能够活得滋润。

隋朝末年，全国各地纷纷起义，唐国公李渊也举起大旗反对隋炀帝的统治。他开始招兵买马，不仅招来很多士兵，还有一些随军的百姓和为士兵服务的奴隶。

李渊率军攻下霍邑之后，要对所有人论功行赏，但是有的军吏认为：奴隶是下等人，即使要奖赏也不应该和从军的百姓享受同等待遇。

李渊却不同意这样的方法，他说："在战场上打仗的时候，所有人都在飞箭垒石之间冲锋，大家的性命是平等的，是没有高低贵贱之分的。所以，现在要论功行赏，也不应该有阶级差别，而是应该按照每个人在战场上的实际表现给予应有的赏赐。”

李渊的话令所有人都无比佩服，这些奴隶无不感激他的恩典，认为他是可以誓死效忠的主人。从此，在行军打仗的时候，他们更加卖力了。唐军所向披靡，连连打胜仗，令隋军和其他起义军都无比害怕。

李渊不仅对自己人公平相待，对别人也是如此。

李渊在和霍邑的官吏、百姓相见的时候，就像原先犒赏西河官员、百姓一样犒赏他们，并无不同。他还动员青壮年参军，从关中来的士兵想要回乡的，也不勉强他们从军，而且都赐给他们五品官的名衔放他们回去。

有人劝说：“这样赏赐官位岂不是给得太多、太滥了？”这个人的想法没有错，因为这样的奖赏太过慷慨，会导致滥用官位而带来冗员现象，将来会有新的麻烦。

但是李渊认为：尊重他人的选择非常重要，如果是不想当兵的人，强征入伍的话他也不会誓死效忠；放他们回去反而可以赢得好名声，让那里的百姓知道唐军的好。而且吝啬奖赏只会失去军民的心，而给予适当的奖励和地位，可以更好地收揽民心，比用兵征服更加稳妥。

所以李渊说：“隋朝就是因为吝啬于论功行赏，才致使他们失去了军民的心。我们怎么可以效法他呢？况且用官位来收揽民心，不是比用兵征服更好吗？”

想一想，在现代社会，如果我们在为人处世方面也做到如此，这不也是同样的一个道理吗？

在一家跨国公司的销售部门，有一位叫张小平的销售经理，他一直以谨慎、稳重、灵活著称。在处理各种复杂的销售情况时，张小平总是喜欢留有三分余地，不轻易表露自己的底牌，同时也给予对方足够的尊重和空间。

有一次，公司面临着一个重要的合作项目，需要与一个实力雄厚的客户展开谈判。这个客户一直以来都是公司的重要合作伙伴，但是这次的谈判却异常艰难，客户提出了一些高要求和条件，让公司感到有些为难。

面对这个情况，张小平决定亲自上阵。在谈判中，他既坚定地捍卫公司的利益，又为客户利益考虑，灵活地应对客户的各种要求和议价策略。他善于掌握平衡，在保持原则的前提下，也给予客户足够的尊重和空间，不刻意强硬，而是用温和的方式引导谈判走向。

在谈判过程中，张小平始终保持冷静和理智，他的风格让客户感受到了他的真诚和专业，也赢得了客户的信任和好感。最终，在双方的共同努力下，客户也后退了一步，令合作得以成功达成。

职场是人与人之间相互依存的一个圈子，任何一个人都不能独立于这种关系之外，除非他完全退出这个圈子。多交朋友，广结善缘，我们才能在职场中进退自如。

世间万物都在不停变化。这种永恒的客观的现象要求人们：事不要做绝，要留下回旋余地，为自己留一条后路。两个人关系好，不能好到无话不说的程度；两个人关系差，也不要势不两立。

在老子的《道德经》上有这样一句话：

天之道，损有余，而补不足。

是故虚胜实，不足胜有余。

这句话翻译过来就是：自然的法则，是损减有余来补充不足。因此虚的要胜过实的，不足的要胜过有余的。在为人处世的时候，也要顺从这个法则，凡事留三分余地。

遇事留三分余地，是一种高超的智慧，能够培养自己的宽容和包容心态，提升自我修养。当你尊重他人的意见和观点，给予他人足够的空间和尊重时，会赢得他人的认可和尊重，从而建立起积极的人际互动模式，也更容易与他人建立互信，寻求共同解决问题的方式，避免纷争和争执的发生。

有一种人生智慧叫作人别太绝，凡事留余地。那不是为人的伪善，更不是𡋯的表现，而是为自己的人生未雨绸缪。为人处世记得留下这三分余地，不仅增加福气，还会提升你的层次与眼界。

刚柔并济，解锁我们的社交新境界

在社交的舞台上，柔和刚的组合并非简单的两种特质叠加，而是一种智慧的结合，一种通往成功的秘诀。它能让我们更好地把握人生的处世尺度，让我们更容易化解来自四面八方的危机。

所谓的“柔”，意味着圆融温顺，能接纳，善包容；以柔为基础，代表着善解人意，懂得体谅。这种温柔的姿态，让我们更容易融入社交场景，更容易与他人建立联系，创造出真诚的友谊与合作。然而，单凭柔之一道还不足以应对所有的挑战和考验。在现实生活中，我们也需要坚定的立场和决心，去面对各种各样的人际关系问题和挑战，这就是所谓的“刚”。它代表着坚硬倔强，不妥协，不投降。有时候，我们需要说“不”，需要表达自己的观点，需要维护自己的利益。这种坚定与果断的态度，会让我们在人际关系中更显自信、更具影响力。

因此，当柔与刚相结合时，我们便能够解锁社交新境界，便能够以柔软的心态去感知他人，用坚定的立场去把握自己。我们能够在交往中保持平衡，既能倾听他人的心声，也能坚定地捍卫自己的底线。

地中海有一个叫马耳他的小岛国，那里的特产“豆腐石头”总被人津津乐道。这种神奇的矿物质刚开采出来时像豆腐一样柔软，能轻易塑造成形，而一经晾晒便会变成坚硬无比的石头。正是这种能软能硬的“豆腐石头”，让马耳他筑起固若金汤、甚至顶住二战炮火的石头城，使这个地中海小岛国得以生存至今。

“豆腐石头”不仅是大自然对马耳他的物质馈赠，更是留给全人类的精神财富。通过“豆腐”与“石头”的转变，向我们展示了“柔”与“刚”的奥妙之处，启示着人们去寻找刚柔并济的智慧。

随着场合与对象的不同，拿捏好柔与刚的不同态度处世方为智者。很多时候，在同一情境下我们也需要将柔与刚融会贯通，以达目的。晏子使楚是大家再熟悉不过的故事，其间便包含了一种拿捏刚与柔的智慧。面对强国的蔑视与耻笑，晏子为维护国家尊严而表现出的不卑不亢、抗争到底的态度可谓“刚”；而作为代表本国形象的使臣，他针对楚国权臣的贬低之辞所进行的委婉得体的“反击”可谓“柔”。

在国与国的较量中，晏子不露锋芒却让人感受到刀锋的犀利，这种外柔内刚的智慧，至今仍能作为我们对外交流的借鉴。在原则问题上要以“刚”的态度坚决不妥协，在外交技巧上要以“柔”的方式化解矛盾，我国的“求同存异”方针便是对“外柔内刚”的极佳诠释。

人们需要“柔”，正如“豆腐石头”需要一定的软度才能塑造成形；人们也需要“刚”，正如“豆腐石头”需要有极大的硬度才能固若金汤。

在一次访问中，一位女博士被问及“你这么聪明，什么男人配得上你”时，她报以一笑，轻松答道：“我不带着脑子回家。”

女博士此言含义甚明：在学术场上，她是博闻强识、针锋相对、咄咄逼人的战士，她那颗聪慧机敏的脑子与毫不服输的态度恰恰代表了一种“刚性”；而在家庭生活中，这种刚强被一种充

满母性甚至孩子气的柔和所替代，赞扬老公做饭好吃、在家陪女儿疯玩等举动都体现了这种“柔性”。

在学术上面对强大的对手与挑战，她选择了能够与之抗衡的“刚”。在科研工作中，这位女博士勇猛向前，勤奋好学，在工作中展现出非凡的才华和毅力，不断追求突破和创新。她勇于挑战困难，勤奋钻研，始终保持着对科学的热情和执着。

然而，在家庭中面对至亲，她选择了“柔”的态度。她只要有时间，就会给孩子讲故事，还会带着孩子玩益智游戏、搭房子、画画。她还喜欢和老公一起出去骑行，锻炼身体。

这位女博士将工作和家庭完美地结合在一起，展现出女性的多面魅力和力量。她以实际行动证明，女性完全可以在事业和家庭当中取得平衡，做到事业有成，家庭又十分美满、幸福。

与一些因过于强势、不懂刚柔并济而无法使事业与家庭两全的人相比，正是这一刚一柔的智慧，让这位女博士找到了人生的平衡点，在不同的领域收获了精彩的人生。可见，懂得在不同的情境下进行刚与柔的转换，才是智者所为。

柔与刚，不同的两面，形成完整的智慧。在人际交往中和工作生活中，心平气和、柔言悦色的谈吐，最容易博得人们的好感，值得广为提倡。俗话说：“一句话能把人说笑，一句话也能把人说恼。”一般情况下，能把人说“笑”的人，通常是属于“柔”类的，其语言也通常是柔和甜美的。

切记，“刚”不是为了耍威风，把矛盾激化，而是为了缓和冲突，转化矛盾，解决矛盾。要注意不讲蛮话、激话、脏话。如果硬过了头，就会激化矛盾，产生危险后果。

“刚”到好处为硬而不脆、威而不逼。火候一到就要给人以台阶，叫人家体面地下台，使矛盾圆满解决。

而“柔”呢，虽然感化力强，但局限性大。对于那些失去良心，失去理智的人，对于“吃硬不吃软”的人是无济于事的。对这些人用柔的策略，无异对牛弹琴，反而会被认为你是软弱胆小，助长其嚣张气焰。因此，“柔”的运用也要看对象，分场合，不能一概而用。如此这般，方能达到刚柔互举、刚柔并济的效果。

心就这么大，能够舍得才会得到更好

人的内心总是充满着渴望和欲望，总想着得到更多，而害怕失去。却不知道，只有学会舍去，才能腾出空间来接纳更多美好的事物。

在每个人的一生当中，都会得到很多东西，同时也会失去很多东西！在商场上，当你的一个决策发生失误时，你的大部分流动资金快要流失时，你能够舍得吗？在情场上，当你爱的人，也是曾经很爱你的人铁了心要离你而去时，你舍得吗？在人生中，当疾病、灾难让你的亲人、朋友不得不离去时，你能够舍得吗？

“舍得舍得，有舍才有得。”话虽然是这么说，但是做起来就非常的困难。生命难舍，亲人难舍，事业难舍，财物难舍，感情难舍，但是该舍的也要舍，因为没有舍就没有得。如果一定让你在两个事物之间做出选择，一定要舍弃一头时，这往往是考验一个人的关键时刻。

舍己救人的英雄可以舍弃自己的生命，他的精神可敬可叹；赴青藏铁路的建设者可以舍弃自己的亲人，他的行动让我们佩服；退居二线的领导可以舍弃高官厚禄，他的境界可嘉；在感情的旋涡里，能够舍弃不该有的感情，也是难能可贵的。那些感动中国的人物都是舍弃了很多很多，甚至是生命，才得到了全国人民的敬仰和感动。

当我们去拥抱另一个世界时，我们会有很多的舍不得，但是舍不得也要舍。至少我们以此得到了平静与安宁，得到了无忧无虑和精神永恒。只有连生命都可以义无反顾愉快舍弃的人，才能摆正心态，笑看人生。

有一位牧民放牧回家的途中，遇到了沙尘暴，羊群因为受到了惊吓而拼命地跑了起来。这位牧民一直骑着马追赶羊群，在不知不觉中追了几十里，等到沙尘暴停下来的时候，这位牧民才发现自己迷失了方向。

现在，这个牧人感到饥渴难当，就在他快撑不住时，突然发现了一幢小屋。牧民兴奋得赶紧拖着疲惫的身子走进了屋内。

原来，这是一间荒废已久的小屋子，四下里都不通风，里面堆了一些枯朽的木材。他几近绝望地环视四周，终于发现墙角摆着一台抽水机。

牧民兴奋地上前汲水，但是任凭他怎么抽水也抽不出半滴水来。他颓然坐在地上，正当他要绝望的时候，却瞥见在抽水机旁有一个用软木塞堵住瓶口的小瓶子，瓶子上还贴着一张泛黄的纸条。只见纸条上写着：你必须用水灌入抽水机才能饮水！不要忘了，在你离开前，请再将水装满瓶子！

他将信将疑地拔开瓶塞，发现瓶子里果然装满了水！此时，他的内心开始交战：如果自私一些，只要将瓶子里的水直接喝掉，他就不会渴死；如果照纸条的方式做，把瓶子里的水倒入抽水机内，万一汲不上来水，他就会渴死在这个地方。到底要不要冒险呢？

经过一阵煎熬之后，他决定照着纸条的意思做。他小心翼翼地把瓶子里的水全部灌入看起来破旧不堪的抽水机里，然后开始汲水，水真的源源不断地涌了出来！

牧民喝足水后，又把瓶子装满水，用软木塞小心翼翼地封好，然后在原来那张纸条后面再加上他自己的话：“相信我，真的有用。”

在取得之前，要先学会舍弃，因为有舍才有得。在人生的路上，放弃什么，选择什么，是一门艺术。有时，放弃就是获得。人们常说“舍得”，舍得舍得，有舍才有得。什么都想得到，往往得不偿失。那些“十年寒窗无人问，一朝成名天下知”的学子不都是花费了时间与精力之后才成名的吗？如果没有这十年的努力与艰辛，哪里可能有一朝成名的时候！

有付出就会有收获。所以，在现实生活中，经常有父母这样教育自己的小孩：少时不努力，老大徒伤悲。在小时候花十年的时间“玩”，没有一点付出，换来的将是今后几十年努力也一事无成，得与失哪个大呢？

如果我们能够少玩一点，用十年甚至更多的时间打下坚实的基础，掌握一技之长，就能受用一辈子，这样失去的玩乐时间，难道不值得吗？

所以，与其抬头仰慕别人的果实，不如低头耕耘自己的土地。当然，耕耘是辛劳的，也意味着要失去太多的东西，但总是抬头仰慕别人的果实，从不低头耕耘自己的土地，便永远也品尝不到果实的甜蜜。你要知道，别人的果实也是用汗水与勤劳换来的，天下没有免费的午餐，天上掉馅饼的事从古至今只有梦里才会出现。

适可而止，不要打扰别人也伤了自己

只有懂得适可而止，才不会打扰别人伤了自己。“适可而止”的意思，就是做到适当的程度就停止，简单说，就是适度。它通常比喻做事恰到好处。然而，在现实生活中，我们许多青少年朋友为了心中那份贪婪的欲望，踏上迷途，越走越远。所以，我们一定要学会适可而止，做到“知足常乐”，才是正解。

人生在世，要知道拿捏有度，适可而止，否则是要付出代价的。在大喜大悲时，特别要调适自己，不要走极端；要学会控制自己，做事不能超越权限，不能突破底线。

凡事适可而止，才是智慧的选择。让我们来看一则小故事吧：

几个年轻人一同外出度假，在海边看见一栋5层的小旅馆，就决定在这家旅馆过夜。

旅馆的人说：“我们一共有5层楼，你们可以一层一层地走上去，觉得哪一层令你们满意，就可以停留下来。我们在每一层楼都立了告示牌，上面写明了这一层都有些什么，只是一旦决定住某一层，就不能再反悔了。”

这几个人听了很感兴趣，于是走了进去。

在第一层楼，告示牌上写着：“这里的房间床板都很硬，地毯也是旧的，而且没有上门早餐的服务。”几个人哄笑起来，毫不迟疑地向楼上走去。

第二层的告示牌上写着：“这里床不太硬，地毯半新，但没有上门早餐服务。”这个也没留住他们的脚步。

行进到第三层，告示牌上写的是：“这里的房间很舒适，床很软，而且还有上门早餐服务，唯一不足的是地毯有些旧了。”这个看起来不错，可是上面还有两层楼呢，于是，他们还是放弃了。

到了第四层，这一层告示牌上的内容几乎是完美的：“这里不仅房间舒适，而且所有用品都是新的，并且，明早会有上门早餐服务，我们还会送您水果。”

这一次，几个人都非常感兴趣了。他们商量了很久，仍没有达成一致，因为有人还想到第五层去看一看。于是，他们一起又来到了第五层。

然而，几个人都傻眼了，这一层空荡荡的，连一个房间也没有，告示牌上写着一行字：“这里没有房间，更不用说一个舒适的夜晚。您是又一个被玩笑捉弄的人。”

在现实生活中，我们常常会遇到某种选择的机会，就像这家旅馆，每一层都比前一层好，每走一步都可能比前一步得到更多。但是，在你一个劲往前冲，争抢着获取最丰厚的礼物时，你学会适可而止了吗？其实很多时候，多走一步，不如冷静地站在原地多想一想：我做到适度了吗？

“适度”，是奥林匹克之父顾拜旦提出的诤言。“适度”不仅体现在奥林匹克运动会上，更体现在我们的日常生活中。我们处理事情必须拿捏好分寸，适可而止，恰到好处。如果超过了适当的分寸，事情就会发生变化，好事可能也会变成坏事。

就像一只饥饿的小老鼠，它遇到了一只盛满大米的米缸，看着白花花的大米，小老鼠兴奋不已，每天跳进跳出，想吃就吃。但是缸里的米一天天地减少，缸口与米之间的距离一天天地拉大。

当小老鼠能力所及的跳高高度低于缸口与米之间的距离时，它并没有摆脱米的诱惑，仍与往常一样跳入缸中享受米的滋味，但就这一跳，从此小老鼠再也跳不出缸外了。当缸中的米吃完后不久，小老鼠便困死于缸中。

我们在嘲笑贪吃老鼠时，却往往忘记自己也许正在遭遇与老鼠同样的命运。只不过老鼠是因为摆脱不掉米的诱惑，而我们是金钱、权力、名誉等。

民间有许多俗语，如“欠火候”“过头”“过犹不及”等，它们都离不开这个“度”，可见拿捏好这个度并不是一件简单的事。比如煎鱼，翻炒不够，就会翻烂；翻炒过度，又会煎煳。看来，坚持适度原则是一门大学问。

学习上也要注意把握好度。每两节课之间总是安排10分钟休息时间，因为只有劳逸结合、张弛有度，才能保证课堂效率和教学质量。

我们要明白，只有适量的练习才会使学到的知识真正落实、真正掌握、真正巩固。过度的练习只会使我们疲于奔命、穷于应付，根本达不到开拓思维、发展智力的目的。而过少的作业则会使学生松懈，整天懒懒散散，无所事事，所学的知识得不到及时巩固。所以，适可而止也是学习所必需的。

生活中处处都有度，事事都有度。我们只有把握了“火候”，适可而止，坚持适度原则，才能取得事业的成功。

总之，“适度”在我们生活中不可或缺，拥有了它，就像红花有了绿叶的衬托，花尽显其娇艳，叶更显其生机。我们的生活也会因此变得丰富多彩，我们的人生才会闪烁出璀璨的光芒。

第三章

做事要拿捏，进退自如有尺度

拿捏好做事尺度，意味着我们要懂得把握分寸，不要贪多。在每一件事情上都要有计划、有步骤，不急于求成，不贪图一时便利而失去长远目标。

成功并非一蹴而就，而是需要坚持不懈的努力和持之以恒的奋斗。每一次的付出都将成为通往成功的阶梯，只要我们不放弃，成功的大门终会为我们敞开。

在我们的生活中，做任何事情都不可自以为是，心中时刻要有一把衡量对错的标尺。无论遇到顺境还是逆境，我们都要保持平和的心态和灵活的应对方式。在顺利时要心存感激与谦虚，在困难时要坚定信念、勇敢面对。只有保持乐观、坚强的态度，才能在人生的大起大落中进退自如。

拿捏住分寸感，我们做事就会更得体

在人生的舞台上，恰到好处的分量是我们追求美好的关键。就像一杯清水，不多不少，恰到好处才能滋润心灵；就如一段音乐，节奏适中，才能感动灵魂。拿捏住分寸感，既要有软糯的一面，善于体谅他人，也需要有坚定的立场，守住内心底线。

在做事方面，过犹不及，只有适度地行事才能进退自如。任何时候，我们做事都一定要讲分寸，要把握事情的分量，把握进退的尺度，掌握处理事情的火候。哪些先办，哪些后办；哪些该办，哪些不该办；哪些可以大操大办，哪些不能大操大办……

拿捏好做事的分寸，也就把握了做事的利害关系，这样才能够事事如意，无往不利。要想做好一件事，并不是说办就办、想怎么办就怎么办。我们要全盘考虑，要了解前因后果，也要区别各种利害。例如：是否涉及他人的利益？是否对自己具有负面影响？在处理事情过程中，必须立足于处理、协调各种利害关系。按照既要争取自己的利益，也不伤害他人利益的原则，把事情办得圆满。

有些事情能办，但是有些事是不能办的。一旦办了，于法不容，于理不容，于情不容，于己不利。其结果或者使自己名誉扫地，或者使自己蒙受经济损失，抑或使自己的身份和地位遭受损害。

此外，做事还要注意，不该管的闲事不能管。好管闲事不是好习惯，有的闲事该管，有的不该管，这里就有一个分寸和尺度的把握问题。不该管的闲事你管了，不仅把人得罪了，还起不到好的作用；该管的闲事，就要勇敢去作为。关键是我们的心里要有一杆秤，要有一个是非标准和基本原则，切不可凭感情和意气用事。

没有把握的事不能办。比如上级委托你办事，你就要认真考虑自己是否能够胜任。可是，由于是上级的安排，往往你不能拒绝，只好硬着头皮答应下来，其实这并不是一个好办法。因为，如果你无法做到，或者把事情办砸了，上级只会以失败的结果来评价你，以后你的处境就会更糟。所以，做事要量体裁衣，对难以办到的事情要鼓足勇气说清楚。

张工是一家机械厂的资深设计师，凡是业务范围内的，没有他不能设计的，也没有他不敢设计的。据说，有一次，领导给了张工一张外单位的机器照片，问张工能不能设计。

其实，张工在看到那张照片时也不敢确定自己能不能出色完成设计任务，但是他为了在领导面前表现一番，便接下了这项设计任务。好在张工确实技术过硬，在没有其他任何技术资料的情况下，仅凭着一张照片就设计出了机器，这事让领导对他刮目相看。

从此，张工更加坚定自己的技术才能。但是技术再硬的设计师，也不能每次都能在盲目接单后顺利完成任务。很快，张工就在另外一件事情上栽了跟头。

有一次，张工所在的机械厂需要加工一批零件，由于这批零件要得比较急，设计图还没有出来。领导第一个想到的设计人员就是张工。

而张工也是自信满满地接下了任务。但是这次设计任务比较棘手，零件的形状、大小都要求严格。他在绘制图纸时总也拿不定主意，但自己在领导面前打了包票，总不能临阵脱逃。于是，他硬着头皮按自己的构想绘完了图纸。然后，将图纸交给生产调度，接着下到了车间。

这期间，张工一直心神不宁，毕竟他对这次的设计没有十足把握。真是怕啥来啥啊！本来张工就信心不足，还在设计图纸时犯了一个低级错误：一处尺寸公差小数点儿错了位，但是他愣是没有发现。

等到这批活儿干完了，检验员验收时，才发现图纸不对。于是他们找到张工，张工拿出这张图纸一看，顿时傻了眼。这次没的说了，厂里领导除了批评张工，还决定扣他的奖金。

张工盲目自信，在没有把握的情况下就接下领导安排的任务，正是没有拿捏好做事的尺度，堵上了自己的退路。在生活中，我们要尽量避免这种情况的发生。

有时，我们对别人提出的请求，在没有把握是否能够做得到时，就要具体问题具体分析，认真评估自己的能力，千万不要过于自信，更不可吹牛、乱许愿。

否则，即使平时双方关系很密切，一旦把事情办砸了，也可能损害彼此间的友好关系。所以，我们在做一件事时，一定要拿捏好尺度，这样才能进退自如。

做事别愚笨，拿捏住轻重缓急是关键

在人生的道路上，我们常常会遇到各种各样的挑战和困难。而要应对这些挑战，拿捏住事情的轻重缓急是非常关键的。有时候，我们可能会因为一时的冲动或急躁而做出错误的决定，导致问题变得更加复杂。就像在驾驶车辆时，若是频频踩下刹车却不及时加速，就容易造成交通事故。

因此，我们在做事情时，千万别傻乎乎的，而是需要保持冷静理性，分清轻重缓急，合理安排时间和精力。重要的事情要优先处理，紧急的事件要及时应对，而一些琐碎的小事可以稍做搁置。

在生活中，你是否时常会有这样的感受：每天都面临着很多要做的事情，但总是无从下手，常常一片混乱。每天忙忙碌碌，极度疲惫，却又觉得似乎没有做成什么事情，一天就这样匆匆而过。随着时间的推移，这种拖延会导致工作质量下降，从而导致更多的压力，也使得自己身心俱疲，甚至开始怀疑自己是否还能坚持下去。

有一句名言说得很好：我们感到疲惫并非因工作本身，而是因为我们的工作方式。针对这种情况，有人提出了“四象限时间管理”原则，根据任务的重要性和紧急性将其划分为四类：紧急且重要、不紧急且重要、紧急但不重要、既不紧急也不重要。

按照这一原则，我们可以将日常任务分类并放入相应的象限中，清晰地规划每天的事务。也就是说，我们在做事的时候，要按照事件的轻重缓急来安排先后顺序。

按照处理顺序，首先应处理紧急且重要的事务。因为这类事情具有时间紧迫性和影响的重大性，无法回避更不可能拖延。如客户投诉、危机处理、即将到期的任务等。

接着是不紧急且重要的事项，这个象限的任务主要是为了未来发展必须要做的事情。如长期规划、参加培训学习、维护客户关系等。对此要有远见，未雨绸缪，防患于未然。

然后是紧急但不重要的事务，这一象限的情况可能会具有很大的误导性。许多人存在一种误解，即认为紧急的事情都是重要的。然而，实际上，诸如无谓的电话、迎合他人期望的事项、打麻将等并不属于重要事务。但这些不重要的事件往往因为它们的紧急性而占据了人们大量宝贵的时间。

最后才是不重要且不紧急的事情。这一象限的事件往往是一些琐碎的杂事，它们既没有时间上的紧迫性，也缺乏重要性。这些事件纯粹是在消耗时间，实质上是在浪费生命。无所事事地发呆、上网、闲聊、漫无目的地游荡，这些都是那些虚度光阴的人的生活方式。如果我们做事情总是不能妥善完成或拖延，就会导致这些任务变成重要且紧急的事务，以此类推，最终导致混乱、未完成工作、领导批评和同事抱怨，同时也会身心俱疲，得不偿失。所以，凡事都要想清楚了轻重缓急再去行动才能获得成功。

有一次，一位哲学家给学生上课。他在桌子上放了一个玻璃罐，然后从桌子下面拿出一些大小适合从罐口放进罐子里的鹅卵石。在学生们的注视下，他将所有的鹅卵石都倒入了玻璃罐里。

接着，哲学家向全体同学问道：“你们觉得这个玻璃罐是满的吗？”

学生异口同声地回答：“是的。”

哲学家又从桌子下面拿出一袋小石子，将小石子倒入玻璃罐中，然后询问学生们：“现在，你们觉得这个罐子满了吗？”

这一次，所有学生都陷入了沉默。过了一会儿，班上有一位学生轻声回答：“也许还没有满。”

哲学家微笑着，从桌子下面拿出一袋沙子，缓慢地倒入玻璃罐中。倒完后，他再次询问班上的同学：“那么，现在告诉我，这个罐子是满的吗？”

全班同学充满信心地回答道：“是的！”

哲学家又从桌子旁边拿起一大瓶水，将水倒入看似已被鹅卵石、小石子和沙子填满的玻璃罐中。然后，他问道：“同学们，从我所做的这个实验中，你们领悟到了什么启示呢？”

话音刚落，一位学生迅速回答道：“我领悟到了，无论我们的日程多么忙碌，工作安排得多么满，只要有意愿，总是可以多做一些事情的。”

哲学家微微一笑，说道：“你的回答并没有错，但我想告诉你们另一个同样重要的经验，甚至比你刚才提到的更为关键。那就是，如果你不先把大的鹅卵石放进罐子里，也许以后永远都无法再将它们放进去了。”

通过这个故事，我们可以深刻地领悟到，充分的规划在行动中是至关重要的。我们在着手行动之前，必须先要深思熟虑，将问题和任务归类、分清轻重缓急，然后再巧妙地安排解决的顺序。只有这样，才能事半功倍，取得更好的成效。

这同样告诉我们，在做事情前需要科学、合理的规划，要抓住事情的核心与关键，按照其重要性逐步推进，有条不紊地处理每一项任务，确保事情办理得井然有序。只有这样，事情才能流畅进行，才能达到显著的效果。同样，有效的规划可以避免盲目行动和不必要的错误，让我们在工作和生活中更加高效和成功。

选对时机，做事儿就像点外卖一样顺畅

在生活中，选对时机，能够事半功倍，能够使要做的事情变得更加顺畅。这就像我们订外卖一样，如果选择了适合自己的菜品和合适的送餐时间，你不仅会享受到美味的食物，还不必花费过多的时间和精力。

同样地，人生中的很多事情也需要选对时机。有时候，我们可能会碰到困难或挑战，但如果选择在恰当的时机去应对，就能事半功倍地解决问题。就如同料理一道美味的菜肴，需要掌握火候一样，处理事务也需要把握时机，做到恰到好处。

在生活中，每个人都不可能永远是王子和公主，我们总有需要与人合作、找人帮忙、求人提携的时候。有求于人，选好恰当的时机是首要的条件，这就引出了人际交往中的脸色问题。

进门要看脸色，这里的脸色是指时机，是说双方在能谈得开、说得拢的时候，对方愿意接受的时候。一个人在车祸丧子的悲痛中还没解脱出来，你却上门托他给亲戚的儿子保媒说媳妇，无疑你会碰壁；领导正为应付上级检查而忙得焦头烂额，你却找他去谈待遇的不公，那你肯定要吃“闭门羹”，甚至遭到训斥。反过来，有人说：今天某公司的业务主管因喜得贵子在发糖，赶紧找他签单子去。虽是玩笑话，却说明了人在兴头上好办事的道理。人的脸色和天气同样重要，看明白了，可以决定你的进退方案。

俗话说：“出门观天色，进门看脸色。”观天色，可推知阴晴雨雪，携带行具，以不受日晒雨淋；看脸色，便可知其情绪。学会察言观色，实在是不可忽视的为人处世之道。知道情绪，便能善相处；善相处，便能心相通；心相通，便能达成一致。

我们在做事情时，难免会与人交流，这时一定要掌握好说话的时机，才能提高办事的成功率。那么，什么时候与对方交谈才算抓住了时机呢？

一是在对方情绪高涨时。人的情绪有高潮期，也有低谷期。当人的情绪处于低谷时，人的思维就呈现出封闭状态，心理具有逆反性。这时，即使是最要好的朋友称赞他，他也可能不予理睬，更何况是求他办事。

而当人的情绪高涨时，其思维和心理状态与处于低谷期正好相反。此时，他比以往任何时候都心情愉快，说话和颜悦色，内心宽宏大量，能接受别人对他的求助，能原谅一般人的过错，也不过于计较对方的言辞。同时，待人也比较温和、谦逊，能不同程度地听进一些对方的意见。因此，在对方情绪高涨时，正是我们与其谈话的好机会，切莫坐失良机。

二是在对方喜事临门时。所谓喜事临门时，是指令人高兴、愉快、振奋的事情降临于对方的头上时。如：对方在职位上晋升时；在科研上攻克难关、取得重大成果时；工作中成绩突出，受到奖励时；经济上得到收益时；找到称心伴侣、婚嫁或远方亲人来探望时，等等。常言道：“人逢喜事精神爽”“精神愉快好办事”。在喜事降临时，我们上门找其交谈，对方不仅会不计前嫌，而且会认为这是对他成绩的肯定、喜事的祝贺、人格的敬重，从而也就乐意接受或欢迎你的到来，所求之事，多半会给一个满意的答复。

记者小王曾想去采访一支著名篮球队的队员，而这支篮球队的队员们刚和一支新组建的球队交战过。小王还不知道他们战果如何，当他进入著名篮球队队员休息室时，发现休息室里气氛沉闷，一位球员铁青着脸，圆睁着眼。

小王见状赶紧退了出来，经打听得知，这支球队刚吃了败仗，球员正在怄气。小王立刻取消了这次采访。倘若当时他不看脸色，硬要不知趣地采访吃败仗的“将军”，非吃闭门羹不可。

还有一次，小王奉命去采访一家大型企业的负责人张总。采访前，小王就听说这位张总不好打交道。但他并没有放弃，很快来到这家企业，并成功与这位张总见了面。

刚见面，张总就嘴上叨叨个不停：“哎！我最讨厌的就是接受采访，有什么可采访的呢？我一天到晚那么多事情需要处理，做的事情就那些，也没什么可说的！”

张总反反复复就是这么几句话，显得很是烦躁，而且越说嗓门越大。当时，陪同采访的企业宣传部工作人员显得十分尴尬。但作为资深记者的小王还是见多识广的，他一直保持微笑，不去搭话，就静静地听着张总絮叨。

后来，张总大概是觉察出这位记者的不一般，也觉得自己叨叨得有点过分，便把声音放小了。小王见状，这才开口说话，而且他并没有直接谈采访的事，而是像朋友之间交谈那样说了些题外话。没想到，就是这么一说，竟发现张总和自己的弟弟曾在一家单位共事过，这一下子就拉近了他们之间的距离。

在这次交谈中，小王敏锐地发现，张总是一个很念过去同事情义的人。借着这一层关系，小王在采访时，时不时谈到弟弟原来在那个单位工作上的事，这也引起了张总的兴趣。在谈这些时，小王穿插着谈一些这次采访的内容，张总也很配合，使得采访顺利了许多。

等采访结束，张总便去忙了，那位宣传部的工作人员不禁感慨道："以前张总可是一点也不配合采访的，没想到今天竟能配合得这么好。"随即对小王竖起了大拇指。

这位记者小王就很有经验，懂得采访的"火候"，懂得选择合适的时机来把控局面。常言道："人好水也甜，花好月也圆。"人在高兴时，心情舒畅，看见高楼大厦，会想到"凝固的音乐"；看见车水马龙，会想到"滚动的音乐"。

情绪好，容易体谅人，礼让、关心和帮助他人，也乐意与人攀谈，接受别人的邀请，甚至看见小狗也可能热情地打个招呼。正所谓"人逢喜事精神爽"。而人在烦恼时，心情抑郁，欣赏《田园交响曲》，也会觉得是噪声。

因此，我们要学会察言观色，留意对方的表情，抓住合适的时机，互谅互让，该进则进，该躲则躲，当止即止，就可避免许多不必要的纠纷，求得和睦相处。

懂得“种草”，拥有“收获满满”的人生

在当下的社交网络时代，“种草”一词常用来指向他人推荐或展示一些生活中的美好事物，例如好看的衣服、美味的食物、有趣的书籍等，希望能够引起他人的共鸣或兴趣。而“收获满满”则表示通过自己的努力或智慧所得到的丰厚回报或成果。

将这两个网络用语融入生活感悟中，我们可以理解为：懂得分享美好、有价值的事物，才能在人生中获得丰富的收获和成长。

在我们做事情时，分享积极向上的思想、经验，积极向上的能量，就像是在他人心中“种草”，让别人也能够从中获益。而当我们乐于分享、乐于帮助他人时，也会在不知不觉中积累着人际关系、情感上的丰厚回报，从而“收获满满”。

同时，懂得“种草”也需要审慎选择，把握尺度，要善于发现、判断和分享真正有价值的事物，而不是盲目跟风。只有深刻理解和体会这一点，才能在自身成长的道路上获得更为丰硕的成果。

想要把“草”种好，就要我们在做事情时，多站在他人的角度看问题，多为他人着想，多为将来着想，这样会有利于事情顺利进行。办不好事情时，要从自身找原因，尽量克服一时的消极情绪。千万不要迁怒他人，否则，我们不仅办不成事，还会得罪他人，留下后患。

能否“替别人着想”，经常体现在日常生活的细微之处。比如：马路上有一块石头，肯替别人着想的人就会随手将它拿到一边，免得行人被绊；进出玻璃弹簧门，在推门之后，看看后面有无人跟进，如有，则挡一挡门，免得后来人被撞；坐电梯时，挡住门，等等后上的人……

这些都是举手之劳的小事，但我们往往就是从这些小事来分辨出一个人是否肯替别人着想，是否怀有一颗利他之心。

也许你帮了别人一个很小的忙，你对别人多一分体贴，别人却因此记住了你，对你产生好感和感激，在你困难的时候，他们也会主动伸出援助之手。常怀利他之心，才是最高级的利己，才能够收获满满。

我国实业家李嘉诚曾接到一份大额订货单，本以为这将是一笔不错的生意。然而，就在他完成订单后，意外却发生了：那个订货的人在事业上突然遇到困难，无法继续合作了。

面对这突如其来的变故，李嘉诚深感惋惜。按照合同，违约方必须作出巨额赔偿。可是，当那个订货人试探地问李嘉诚需要多少赔偿金时，他却淡然说道：“商海风云变幻，谁都可能遇到这样的情况。尽管你不打算继续合作，但我这批产品并未造成实际损失，因此无须索赔。正所谓‘生意不成情意在’，我愿意把这件事看作一场缘分，而非纯粹的交易。”

就这样，李嘉诚宽容地放弃了追究赔偿的权利。那个订货的人千恩万谢而去。

时间久了，李嘉诚也慢慢淡忘了这件事。然而两年后，李嘉诚又迎来一次商机，另一个商人专门找到他，要买他的塑料花，一下子让他赚了一大笔。事成之后，李嘉诚问道：“先生，请问您为什么专门要我的产品？”

对方回答：“我有一个生意上的朋友，经常谈到你，说你这个人不错，待人仁厚，不斤斤计较，可以打交道，所以我就找上门来喽！”

从此，李嘉诚和这位商人开启了数次成功的合作，他们共同开创了更加美好的未来。

李嘉诚的故事也成为商界的佳话，他的品德和胸怀为他赢得了更多的尊重和好评。他的名声在商界逐渐传播，成为人们口中的楷模和典范。

纵观古今中外，凡是有很大成就的人，哪一个不懂得人情世故？哪一个不懂得众人划桨开大船的道理？哪个人的周围没有“贵人”帮忙？可以说，爱别人就等于是爱自己，做对他人有利的事就是在帮助自己，施恩于别人就等于把恩惠留给了自己。

古代哲人曾经说：“喜爱人们的人，人们也常常喜爱他。恭敬人们的人，人们也始终恭敬他。”说的就是这个道理。

多一些谦让，比如单位里分东西不够时少分些，一些荣誉称号多让给即将退休的老同事，与其他人共同分享一笔奖金或是一项殊荣等，这种豁达的做事态度无疑会赢得人们的好感，也会增添你的人格魅力，拥有“收获满满”的人生。

学会“躲雷避坑”，开启“无伤人生”

生活中充满了各种挑战和陷阱，有时候我们可能会遇到困难、挫折甚至是诱惑，如果不小心掉入其中，就会受到伤害和损失。因此，学会“躲雷避坑”，也就是趋利避害，就是要善于识别危险与风险，避免不必要的损失和伤害，保护自己的安全和利益。

开启“无伤人生”并不意味着逃避挑战或困难，而是要学会谨慎、理智地选择自己的道路，避免不必要的风险和伤害。只有在保持警惕的同时，我们才能够过上平安、稳健的生活，远离痛苦和悲伤，让自己的人生充满阳光和温暖。

在当今社会，追求利益和回避风险是必要的智慧之举。真正聪明的人会根据实际需要，灵活运用这两种策略，使自己在社会竞争中立于不败之地。

越王勾践经过二十年卧薪尝胆终于打败了吴国，举国上下都沉浸在喜悦和欢庆之中。可就在这时，他的首要功臣范蠡，却告诫另一位功臣文种：“飞鸟尽，良弓藏；狡兔死，走狗烹。越王获胜，全靠你我，现在大敌已灭，他一定会猜疑我们，不如尽早退隐。”

文种却认为越王不致如此绝情，所以并没有听从范蠡的忠告，不久果然惹上杀身大祸。由此可见，善于断然退避，是一个人心怀博大、大智若愚的谋略的具体体现。

一个人，尤其是一个领导者、管理者，在客观条件不允许继续前进，或再前进时就危及自身的情况下，应当自觉地、主动地退避。这是保存自己的一个很重要的谋略思想。而要做到这一点，就必须具备较高的修养，善于克制、约束自己；而缺乏一定修养的人，是不可能做到这一点的。

历史和现实都一再表明，善于退与善于进，具有同等的谋略价值，只善于进而不善于退的人，绝非高明之人，而只有把两者有机地结合在一起，并加以机动灵活运用的人，才称得上高明。

退避不是消极地避凶就吉，而是暂时收敛锋芒，隐匿踪迹，养精蓄锐，待机而动。就是说，退是迫不得已的，即使退也要做到主动、自觉、不露声色地壮大实力，以便时机成熟时，奋起继进。

可见，这种退不是逃跑，而是进的一个环节，是下一步进的准备和前奏。只有这样的退，才称得上谋略。

在江苏常州地方，有一位姓尤的老翁开了个当铺，有好多年了，生意一直不错。某年年关将近，有一天尤翁忽然听见铺堂上人声嘈杂，走出来一看，原来是站柜台的伙计同一个邻居吵了起来。

伙计连忙上前对尤翁说："这人前些时候典当了一些东西，我明明给了他当票，可是他今天却空手来取典当之物，不给就破口大骂，一点儿道理都不讲。"

那人见了尤翁，仍然骂骂咧咧，不认情面。

尤翁却笑脸相迎，好言好语地对他说："我晓得你的意思，不过是为了度过年关。街坊邻居，区区小事，还用得着争吵吗？"于是叫伙计找出他典当的东西，共有四五件。

尤翁指着棉袄说："这是过冬不可少的衣服。"又指着长袍说，"这件给你拜年用。其他东西现在不急用，不如暂放这里，棉袄、长袍先拿回去穿吧！"

邻居拿了两件衣服，一声不响地走了。当天夜里，他竟突然死在另一人家里。为此，死者的亲属同这个人打了一年多官司，害得别人花了不少冤枉钱。

原来，这个邻人欠了人家很多债，无法偿还，走投无路，事先已经服毒，知道尤家殷实，想用死来敲诈一笔钱财，结果只得了两件衣服。他只好到另一家去扯皮，那家人不肯相让，结果就死在那里了。

后来有人问尤翁说："你怎么能有先见之明，向这种人低头呢？"

尤翁回答说："凡是蛮横无理来挑衅的人，他一定是有所恃而来的。如果在小事上争强斗胜，那么灾祸就可能接踵而至。"

人们听了这一席话，无不佩服尤翁的智慧。

尤翁很好地解决了和邻居之间的这次危机，正是因为他懂得"躲雷避坑"的道理，这也说明，我们有时为了趋福避祸作适当的忍让是必要的。

当然，讲究趋福避祸之道并不是说一看前方有危险，便急忙后退，一退再退，以致放弃原来的目标、路线，改变方向、道路。而这个方向、道路，与原来坚持的方向、道路已有本质的区别，那就是知难而退了，就不具有什么谋略价值，而是逃跑主义了。所以，在趋福避祸的问题上也要分清勇敢与怯懦、高明和愚笨。

拒绝套路，用理性眼光看待是非曲直

明辨是非曲直是一项至关重要的生活技能，它有助于我们在错综复杂的世界中做出明智的选择，不被他人所套路。通过深入思考、了解事物背景、征求他人意见以及遵循道德原则等方法，我们能够提升自己的辨别能力。

我们在日常生活和实践中要理性看待这一技能，培养并强化明辨是非的能力，可以帮助我们避免犯错，保持良好声誉，从而为个人的发展和社会的进步创造更加美好的未来。

虽然是非曲直自有公论，但是如今大多数人在做事情时总是喜欢随波逐流，不敢持有独立的观点，在生活中总是稀里糊涂的，必然会产生不良的后果。作为一个有大智慧的人，面对是非，我们应该学会坚守自己的立场，不轻易被挑拨离间，过好自己的生活。那么，在遇到需要解决的事情时，我们首先应该在倾听他人的言论时，善加分类。对于那些对自己有益的话语，应该牢记在心；而那些引起是非的言论，可以选择置之不理；对于挑拨矛盾的言辞，更要谨慎对待，切勿轻信。

在倾听他人言论时，需要根据自身的知识和思想进行分辨。平时应该多充实自己的知识储备，增强分析能力，形成独立的见解和是非观。

找到认为正确的道路后，应义无反顾地坚定前行。即使别人认为你与众不同，只要坚持正义，就一定能获得成功。凭借内心感觉作出选择，根据自身偏好和标准做出抉择。不能仅凭表面看待事物，要深入分析具体情况，培养独立思考能力。相信自己是至关重要的。通过道德修养、法律了解、模范示范、分析能力提升和理想确立等途径，逐渐铸造自己的良知标尺，确立坚定的是非观。

“走自己的路，让别人说去吧！”这句话常用在不被人理解时进行自我心态调节。的确是这样，我们要理性看待是非曲直，如果只是一味地关注别人的态度，会使自己失去原有的工作和生活准则，让自己陷入不必要的痛苦和烦恼之中。

王涛出生在一个家境优渥的家庭，自小备受赞扬与鼓励。在上学时，他常常被选为班级干部，老师们也对他格外喜爱，有时甚至邀请他到家中指导学习，给予额外帮助。

由于这些支持与关注，王涛在学业上总是表现出色，名列前茅。顺利完成了中小学阶段的学业后，他成功踏入了大学校园。

千万不要以为王涛的学业之路得到了父母的铺排，实际上，他并非依赖家世的“纨绔子弟”类型。他勤奋学习，乐于助人，生活简朴大方，在校期间担任学生会干部，工作表现出色。同学们十分钦佩他，认为他的成就是凭借自身实力取得的。

然而，仍然有一些品行不佳、心胸狭隘的同学散布风言风语，声称王涛之所以一帆风顺，只因他有位好父亲。尽管荣誉很多，但也伴随着少许非议，王涛的大学生涯如此画上了句号。他成功地加入一家全国知名企业，并进入了最具潜力的部门。

王涛并未因此得意忘形，在工作中，他一丝不苟，兢兢业业，与同事关系融洽。此外，他在工作之余也不放弃学习，不断吸收新知识。因此，在短短两年时间内连升两级，成为项目副主管，这在公司历史上是最快的晋升纪录。

明眼人都清楚，这是王涛平日勤奋努力的结果，所有的成绩都是他努力的回报。然而，仍有一些人在对他的赞扬中夹杂了些许其他声音。

“谁不知道，他爸爸是干部呀！没有老子撑腰，这么年轻能爬升得这么快吗？”

“啊，难怪……”

尽管王涛可以选择不理会人们背地里的议论，但当一些言论传到他耳中时，他仍感到不舒服。他不再像从前那样笑逐颜开，甚至变得沉默寡言。他自以为只要坚持不开口，时间久了大家会理解的。然而，王涛的少言寡语并没有减少别人的议论，反而有人说他官大了就不屑于接触普通人了。他觉得工作环境越来越令人感到压抑。

王涛每天工作都小心翼翼，很少出办公室面对同事们，担心自己的一言一行会再次成为议论的对象。对于上级交代的工作任务，总是犹豫不决，难以做出决定，担心可能伤害到某个同事的利益，招致背后的指责。

由于工作中的紧张和担忧，王涛的工作积极性大大降低，业务质量也直线下降，信心一落千丈，做事畏首畏尾。他整天都在想：“他们是不是又在背后议论我了？” 这个问题让他备受折磨。整日的焦虑不安使原本和谐的生活变得乏味无趣。

“人在风中行，难免身染尘。” 在一个群体中，无法避免成为别人议论的对象。我们既是他人口中的话题，也是自己谈论他人的一部分。我们的行为和结果受限于所处的社会环境。

嘴巴长在别人身上，希望别人不议论自己几乎不可能，除非选择远离群体，与他人无关联。然而，这种隐匿并非易事。当得知有人在背后议论时，只要并非当场传播，这意味着对方的言论不堪大众批评。因此，何必在意那些暗箱里的“酸言酸语”呢？何必因这些是非影响自己做事的效率呢？每个成功者背后都有曲折的故事。那些创造辉煌成就的人，在某种程度上都曾遭遇挫折，他们的行为常常超出了大众的理解。

走在通往成功的道路上，你会发现，当你取得成就时，未曾了解你的人会忽视你的付出，而将你成功的过程简化为他们认为合理的因素。这是成功者不可避免的经历，因为不可能每个人都能理解你。面对这种情况，你需要做的是不去在意，用自己的实力和成就来改变他们的看法。

站在不同角度审视问题，会得出不同结论，这就是“仁者见仁，智者见智”。真理通常是简单明了的，但实践起来却并不容易。言行保持一致，将有助于减少错误的发生。所以，我们要在做任何事情时，都能理性看待是非曲直，找准方向奋进。

张弛有度，让我们的人生事半功倍

“劲酒虽好，可不要贪杯哦”，这则广告语，相信大家都有所耳闻。意思是说，酒虽然是好酒，但是喝多了也会伤身体，说明喝酒也要有限度。我们做事也是一样的道理，要学会张弛有度，才有可能达到事半功倍的效果。

在人生的道路上，我们要学会拿捏好松紧，张弛有度，是一种智慧和境界。就像弓箭手在拉弓时需要掌握适当的力度和放松，才能射出更准确的箭矢一样，我们在生活中也需要找到平衡点，才能事半功倍地前行。无论做任何事情都要拿捏有度，不能所有事情都妥协，特别是对待自己珍视的事物。此外，慷慨大方往往是在自身需求得到满足后才能表现出来的品质。

我们在做事时，一旦超越了“度”，就可能招致他人的嘲笑和指责。因此，我们在处理事务时，只需做好自己该做的，坚守内心认为正确的选择，而不是随波逐流。

正所谓“水满则溢，月盈则亏”。我们在做事情时也应张弛有度，学会松松紧紧地来做事情。因为世间所有的事情都不会十全十美，只是许多人的一生都在追求完美，以至于活得很累。

做事不可贪多也不要贪少，张弛有度才能收放自如。我们每个人心中都应该有一把量尺，时刻衡量自己做事的准则，尽量不要把尺子绷得太紧。就是不管做什么事情都要拿捏好度，过犹不及，这样才可避免失去更多！

明朝时期，宦官王振一手遮天，甚至可以左右朝堂上大臣的晋升与罢免。

有一天，王振对大臣杨士奇、杨荣和杨溥说："朝廷的政事幸亏你们尽心竭力，才能如此有条不紊地进行。然而时至今日，三位先生年纪也大了，你们日后有何打算呢？"这话一听就是让他们告老还乡。

杨士奇听出了王振的弦外之音，但是他不想这样回去，不想让王振呼风唤雨。于是便说："老臣当竭诚报国，鞠躬尽瘁，一直到死。"

而杨荣却赶紧制止他，说道："先生不要如此说，我们已经老了，没有办法再效力，应当选择一些可担当国事的后辈，这样才是报答圣上恩惠的好方法。"

王振听了杨荣的话，非常高兴。

第二天，杨荣便推荐了曹鼐、苗衷、陈循、高谷等人，这些人也确实全部被朝廷任用了。

杨士奇却认为杨荣当时不应该随便说出这些话。

杨荣解释说："他已经很讨厌我们了，我们纵然可以互相帮助，但是那样的话，能改变他讨厌我们的心意吗？而且，一旦大内传出只字片语，要命某人入阁，我们将束手无策。现在这四个都是我们的人，我们大家应同心协力才是。"

杨士奇这才明白杨荣的意思，他是在以退为进，保存自己的实力，这样才能够继续为国家效劳。而且，国家有了更多可以独当一面的栋梁之材，就会有更多的好官治理国家，百姓才能过上好日子，而他们这些老人才可以真正地安享晚年。

杨荣是拿捏好张弛、进退尺度的典范。更值得我们学习的是，真正厉害的人都懂得如何给自己“放假”。他们明白，适当的空白能为生活增添更多惊喜；恰到好处的放松，能让头脑更加敏捷。

当我们感到疲惫时，不妨停下脚步，给自己一点时间休息；当我们感到疲倦时，不妨放慢脚步，给自己一点空间放松。让自己从繁忙中解脱，我们才能看到更广阔的世界；让自己从倦怠中挣脱，我们才能重新充满能量，继续前行。做事张弛有度，这就是生活的美好之处。

做事别马虎，不仅要做完还要做好

无论是工作、学习还是生活中的琐事，都需要我们用心对待，认真完成。不要因为马虎而带来不必要的错误和疏漏，影响自己和他人的利益。只有将每一个细节都处理到位，才能确保工作的质量和效果，不留下任何遗憾或者瑕疵。

在处理事务时，我们应该全力以赴，追求完美的精神和态度。要充分了解各方面的需求和利益，在协商解决问题时，争取得到最佳结果。同时还要注意细节，保持良好的沟通与合作态度，避免个人情绪或其他不良因素影响事务进展。这种“做事尽量求圆满”的方式也强调了对自己和他人负责任的态度。保持诚信和责任心，在满足各方面需求与利益的同时，达到最佳结果。这种方法有助于我们建立良好的人际关系，提升职业素质与能力。

总的来说，追求圆满做事是一种积极向上的做事态度，是强调全力以赴、追求完美、对自己和他人负责的精神。借鉴这种方式处理事务可以有效助力于争取最佳结果，促进良好人际关系的建立，并提升个人的职业素质与专业能力。

在繁忙的工作日常中，胡杰经常感到困扰。他的团队成员遍布全国各地，组织一次线下会议需要耗费大量时间和精力。然而，面对面的交流是提高团队效率的关键，频繁的沟通对于提高工作效率至关重要，因此这让胡杰感到非常为难。

为了解决这一问题，胡杰开始寻找解决方案。他调研了多种不同的方法，包括在线协作工具和视频会议软件。然而，在几次尝试后，他发现这些工具并没有如他期望的那样有效。有些工具使用起来过于复杂，有些图像质量不佳，有些经常出现声音中断的现象。面对这些问题，他感到非常沮丧，甚至开始怀疑自己的决定是否正确。

然而，胡杰并没有放弃，因为他迫切需要找到一种能让团队更有效沟通的解决方案。经过广泛调查，他发现了一款新的视频会议工具。这款工具具有使用简单、图像清晰、声音流畅等优点。最重要的是，它提供了实时协作功能，使团队成员能够共同编辑文档。胡杰决定尝试使用这款工具，于是特意组织了一次试验性视频会议。

会前的准备工作相当烦琐。首先需要确定会议时间、地点和参会人员。其次确保所有人员熟悉使用视频会议软件。再次安排主持人掌控会议进程，确保所有人积极参与讨论。最后准备会议议程和相关资料，让与会人员了解会议目的和内容。

在会议前一晚，所有与会人员收到邀请函和相关信息。会议开始前一个小时，主持人通过电话联系所有与会人员，确认他们已准备就绪。会议开始前五分钟，主持人通过视频会议软件向所有人打招呼，介绍议程和目的。

在会议开始阶段，胡杰详细介绍了团队的发展方向、目标以及实施措施。各部门负责人也向与会人员介绍了工作情况和计划，分享经验和心得。

在会议的讨论环节中，参会人员积极发言，就团队的发展问题提出了各自的看法和建议。团队领导层认真倾听并探讨了大家的意见和建议。

会议结束时，胡杰对所有参会人员表示感谢，并鼓励他们在未来更加努力为公司服务。主持人也感谢并鼓励参会人员在未来更积极地参与团队活动。

这次网络视频会议取得了圆满成功，令胡杰非常满意。通过这种方式，团队成员能够更有效地沟通和协作，无须受时间和地点限制。通过改变沟通方式，胡杰和团队取得了显著成果。他们不仅提高了工作效率，还增强了团队之间的凝聚力。胡杰意识到，通过视频会议的方式组织会议不仅解决了沟通问题，还有助于更好地实现目标。

组织网络视频会议是一项至关重要的任务，组织者需要提前认真准备、周密安排和精心组织。只有这样才能确保视频会议成功召开，并达到预期的会议目的和效果。胡杰组织的这次会议取得了圆满成功，正是他追求完美的信心和态度。如果胡杰在寻找解决方案的过程中不够认真和细致，马马虎虎地对待问题，就很可能导致错过更适合团队需求的解决方案。从而也会导致团队的远程协作效率无法得到提升，反而可能会面临更多问题和挑战。

所以，圆满地完成工作，就像一列火车从始发站到终点站，一路上顺顺利利到达终点一样，途中没有遇到任何障碍或发生意外。这就要求我们时刻保持高度的警惕和专注，全神贯注，才能将自己的“工作列车”驾驶到理想的目的地。当然，如果事事都求圆满，那就超过了平衡点，成了负担，好事也可能变成坏事。所以，我们做任何事情，都要用平和的心态看淡世间的来去和纷争，懂得适可而止，不强求圆满，最后却得圆满。

第四章

交际有尺度，左右逢源朋友好相处

我们每个人在社会生活中，都要进行人际交往。现代社会非常复杂，不论哪种关系或层面的交往都必须注意拿捏尺度。

交际尺度是我们个体与他人建立和维持关系的一种度量标准，涉及人与人之间的相互接触、交流和互动的程度，是我们根据自身需求和价值取向所设定的一种界限，必须在实际交往中恪守这个基本的红线。

当然，人际交往对象包括亲人、朋友、同事、业务和公共等方面的关系，不同的关系、不同的时间、不同的情景等，其交往的亲疏、深浅、远近、冷热、收放、尊卑等都不一样，要拿捏好这些关系的尺度，的确是一门大学问。

你的形象决定你的人生，仪表要得体

在日常的人际交往中，仪容仪表是我们展现自己形象和修养的窗口，它直接反映了一个人的内在素质和外在形象。得体的仪容仪表不仅可以给他人留下好的第一印象，还能够增加自身的自信和魅力，从而更好地融入社交场合，建立良好的人际关系。总之，你的形象决定了你的人生。

仪容端正是仪表得体的基础。衣着整洁、干净是最基本的要求，无论是日常生活还是正式场合，都要选择适合的服装，注意款式搭配和色彩搭配，避免过于张扬或者不搭调的穿着。另外，保持个人卫生也是非常重要的，勤洗头发、修剪指甲、清洁皮肤等都是展现仪容的重要细节。

姿态举止是仪表得体的重要组成部分。一个得体的姿态可以展现出一个人的自信和大方，所以在与他人交流的时候，要时刻保持端庄得体的坐姿和站姿，避免给人粗野或者懒散的感觉。同时，我们也要注意言谈举止的得体，文明用语、礼貌待人是与他人交往的基本原则，不要随意挖鼻孔、打嗝、打哈欠等。

还有就是细节决定成败。除了仪容和姿态外，一些细节也能够体现一个人的修养和品位。比如注意个人形象的修饰，可以适当佩戴一些简约大方的饰品，打扮得体；另外，注意言谈中的细节，避免说粗话、讲黄段子等不雅之举，保持谈吐优雅，让对方感受到你的文明和修养。

最后，自信从容是展现仪容仪表的最佳状态。一个自信从容的人，无论外表如何，都会给人留下深刻的印象。因此，在与他人交往时，要保持内心的平和与自信，做到淡定从容，不要过分紧张或者拘谨，展现出真实的自我，让他人感受到你的魅力和亲和力。

总的来说，仪容仪表是人际交往当中非常重要的一环，它不仅可以帮助我们给他人留下良好的印象，还能够提升自身的形象和魅力。通过注意仪容整洁、举止得体、注重细节和自信从容等方面的培养，我们可以在人际交往中展现出真正的风采和修养，赢得他人的尊重和喜爱，建立起良好的人际关系。

下面这则故事中的王芳就是这样一位内外兼修的人，她用自己优雅自信的举止谈吐和精致得体的外在形象赢得了许多赞赏。

在一个繁忙的商业中心，有一家知名的公司，员工之间竞争激烈，人际关系复杂。主人公王芳是这家公司的新员工，她对自己的仪容仪表一向非常重视，总是穿着整洁大方，举止得体优雅。

有一天，公司要举办一个重要的客户接待会，王芳被安排担任接待工作。当王芳走进会场时，她感受到了紧张和兴奋，但她努力保持自信和从容的微笑。

王芳看到许多重要的客户，她意识到自己的仪容仪表至关重要，好在她提前精心打扮了一番。她所选择的职业装不仅剪裁合身，还展现出她对细节的关注和对工作的认真态度。

王芳微微鬈起的发梢和恰到好处的妆容，彰显着她对个人形象细致的雕琢。配上简约大方的首饰，使整体造型更加完美，不仅干练又不失女性魅力，也展现出她对于专业形象的重视。

当客户们纷纷进入会场时，王芳的精心打扮立刻吸引了客户的目光。而王芳迎接他们时微笑着，用得体、礼貌的言谈举止与他们交流。她注意细节，及时为客户倒茶递水，周到细致地关心每位客户的需求，让每位客户都感受到公司的诚意和专业。

接待会结束后，公司领导对王芳的表现给予高度评价，客户们也纷纷对她表示赞赏。其中一位重要客户甚至直言："你们公司的员工素质真不错，特别是那个小姑娘，仪容得体、举止优雅，让人印象深刻。"

从此以后，王芳在公司里声名鹊起，成为标杆。她的成功经历也激励着更多的人注重自身的仪容仪表，学会用优雅得体的方式与他人交往，赢得更多的机会和尊重。

王芳因为自己得体的仪容仪表和良好的人际交往能力，不仅赢得了客户的好评，也获得了同事们的尊重和认可。她深知，在工作和生活中，一个人的仪容仪表和言行举止不仅代表着个人修养和形象，更是展示自信和魅力的重要方式。

通过这则故事，我们可以深刻体会到在生活和工作中，得体的仪容仪表和良好的人际交往是取得成功和赢得尊重的重要因素，它不仅可以展现我们的修养和品位，更能够帮助我们赢得他人的认可和支持，成就更美好的未来。

没有无缘无故的爱恨，要懂得亲疏有度

人际交往是我们日常生活中不可或缺的一部分，而懂得拿捏好亲疏尺度对于维护良好的人际关系至关重要。因为人与人之间的爱恨情仇都有原因，不是无缘无故的，拿捏不好亲疏之间的尺度，就很容易出现让人难解的问题。

亲疏有度，即在交往中保持适当的亲密和距离，不仅让我们能够更好地与他人相处，还能够培养健康的情感连接，建立长久的情谊。很多时候，我们对待最亲近的人可能会显得冷漠和简单，而对待陌生人却会表现出热情和细心。大部分人关系从亲密逐渐走向疏离，往往是因为双方开始不再用心相处了。在建立的关系中，亲密并非可以随意利用的借口，它需要我们投入更多时间、精力和关注，以维持一个高质量、长期稳定的关系。

在现代社会，由于各种因素，人与人之间的关系变得更加复杂。因此，懂得亲疏有度显得尤为重要。亲疏有度要求我们学会在人际交往中保持适当的距离。尊重别人的私人空间和时间，不强求过多的接触和干涉，是建立健康关系的基础。

同时，我们在表达情感时也要把握分寸，既要保持适当的亲密，又要避免过度依赖或热情。最后，平衡自我与他人的关系也非常重要，既要关心他人，又要保持个人独立性和自我空间，不至于在亲密关系中迷失自我。

总的来说，亲疏有度是最佳的人际相处之道。通过在交往中保持适当的距离、恰如其分的情感表达以及平衡的关注，我们可以建立稳固而富有温度的人际关系。让我们在日常生活中，时刻铭记亲疏有度的原则，与他人建立起更加美好的交往。

在一个宁静的小镇上，有两位截然不同的邻居，他们就是孙杰和孔莉。孙杰是一个充满热情与活力的年轻人，总是在阳光明媚的早晨第一个走出家门，用洪亮的声音和灿烂的笑容问候每个遇见的人。

“早上好！”孙杰特别喜欢与邻居们闲聊，分享生活中的点点滴滴，让每个人都能感受到他那温暖如阳光般的人格魅力。

相比之下，孔莉则是一个沉静而内敛的女士。她常常选择独自一人在花园里享受清晨的宁静，或者在书房里沉浸在文字的海洋中。

孔莉喜欢安静的生活节奏，对于城市的喧嚣与浮躁并不感冒，她更享受与自然、与心灵的对话。在她的世界里，时间仿佛变得缓慢而优雅，让人感受到一种深层次的宁静与平和。

尽管孙杰和孔莉性格迥异，但他们却在这个小镇上构成了一道鲜明而美好的风景线。孙杰的热情让人感受到生活的活力与温暖，而孔莉的宁静则给人带来一份内心的宁静与静谧。他们各自用自己独特的方式诠释着生活的美好，共同构成了这个小镇上多彩多姿的人文画卷。

尽管孙杰和孔莉住得很近，他们每天都会在小镇上相遇，但他们之间如同两条平行线，各自独立而不相交。

孙杰总是主动向孔莉打招呼，试图与她分享一些生活中的趣事或者当天的心情，然而孔莉总是以微笑和简短的回应作为交流的结束，然后迅速离开。对于孔莉来说，她更喜欢独处，享受那份与自己内心深处对话的宁静。而孙杰的热情与外向对她来说，会显得有些耗费精力。

起初，孙杰并没有意识到他的热情和外向可能会让孔莉感到困扰，他依然保持着积极向上的态度，希望能够和每个人建立更多的联系。

每当看到孔莉远远避开自己，或者选择绕道而行，孙杰心中不免感到一丝诧异和困惑。他开始思索自己的行为是否有所不妥，是否因为自己的过于主动而让孔莉感到压力和不适。于是，孙杰决定改变自己的交往方式。他开始慢慢收敛自己的热情，学会在孔莉面前保持一份适当的距离，不再强求过多的交流，而是在碰到她时给予简单的问候，并且尊重她的选择，不再主动打扰她的生活。

渐渐地，孔莉也察觉到了孙杰的改变，她开始慢慢地放下了心防，愿意和孙杰进行简单的交流。孙杰也明白了，亲疏有度并不是远离别人，而是懂得尊重别人的需求和选择，保持适当的距离，以及恰如其分的关心和关注。

最终，孙杰和孔莉之间建立起了一种新的交往模式，他们之间的关系变得更加融洽，彼此都感受到了更多的理解和尊重。他们懂得了在人际交往中要亲疏有度，让彼此之间的关系更加健康而美好。

在日常生活中牢记亲疏有度、内外有别，并身体力行，这种做法不仅是为了尊重他人，也是为了避免引起对方的不快，同时也是在自我保护。这样的态度不仅能改善人际关系，还有助于建立更加和谐与积极的交往模式。

贯彻身体力行、亲疏有度的原则，有助于建立更加真诚、尊重、相互理解的人际关系。在与他人相处时，我们不仅要善待他人，更要学会保护自己，避免不必要的冲突和纷争。只有在相互尊重、理解与支持的基础上，我们才能共同打造一个和谐宜人的人际环境，使每个人都能在其中找到真正的快乐与满足。

人心难测，真诚相待也要拿捏好距离

人心难测，每个人内心深处都隐藏着各种情感和想法，有时候我们很难完全洞悉他人的内心世界。在与他人交往中，尤其是在展现真诚和友好的态度时，拿捏好适当的行为距离显得尤为重要。

真诚相待是一种宝贵的品质，它代表着我们对他人的尊重和善意。然而，在表达真诚的同时，我们也需要注意保持一定的距离感。这种距离并不是冷漠或疏远，而是一种尊重他人私人空间和情感需要的表现。

在人际互动中，真诚相待不仅仅是表面上的友好和热情，更应该包含对他人内心世界的尊重和体谅。通过保持适当的距离感，我们能够给予他人足够的空间和自由，让彼此的关系更加舒适和和谐。这种距离并非疏远或冷漠，而是建立在理解和尊重的基础上，使得交流更加畅通、关系更加稳固。

因此，在这个过程中，我们需要在行为上保持一定距离，以避免过度侵入他人的私人领域或造成不必要的困扰。这种适当的距离感能够让我们更好地把握人际关系的度，让友谊和信任在互相尊重的基础上得以发展和深化。

在日常生活中，我们可以通过一些微妙的方式来保持适当的距离。比如在与他人交谈时，避免过于亲密的肢体接触，尊重对方的个人空间；在处理他人隐私时，保持适当的谨慎和尊重，不轻易触及他人的私人领域；在表达关心和帮助时，考虑对方的接受程度，不要过分干涉或强求。

拿捏好适当的距离有助于建立健康的人际关系。它让双方在交往中感受到舒适和自由，不至于让对方感到压力或不安。同时，适当的距离也有助于我们更好地理解他人，尊重他们的个性和情感需求，建立起更加稳固和持久的友好关系。

在人心难测的社会中，真诚相待并不意味着无条件地揭示自己的内心。相反，保持适当的距离能够让我们更好地掌握人际关系的度，避免造成不必要的误会或矛盾，同时也让友谊和信任在合适的距离下得以维系和增进。真正的真诚相待应该包含尊重、理解和适当的距离感，这样才能让人与人之间的交往更加和谐、稳定和美好。

小何是一个来自大城市的青年，他受到公司委派来到一个二线城市帮助分公司开展业务。他性格开朗，待人真诚，很多人十分喜欢他，小何在这里的工作也是顺风顺水。

小何在工作过程中了解到，有一个叫小杨的员工，她的工作十分出色，而且是这里的老员工了，但是小何不明白，这么优秀的人为什么只是一般职员呢？因此便想要对其进行深入了解，希望为公司挖掘宝贵人才。

在接触过程当中，小何发现，小杨虽然在自己的岗位上工作十分出色，但是她缺乏一种魄力，对于有挑战性的工作总是采取退缩、回避的态度，似乎特别不自信。但是小何觉得她很有潜力，如果适当激励，一定可以令小杨突破心理障碍。

这天，总公司举办一期设计比赛，小杨看着海报发呆，她很想尝试一下。小杨很喜欢平面设计，在排版、色彩、文字的掌握上也颇具心得，但是她仅仅是自娱自乐，没有系统学习过，和公司那些专业人士比起来，并没有优势，因此便没有想报名参赛。

小何看到这一幕，以为是小杨没有信心，便真诚地鼓励她：“想要就去尝试，至少这样不会有遗憾，不是吗？为自己喜欢的事情而努力是一件很酷的事情！”

小杨受到小何的鼓舞，鼓足勇气要了一张报名表。但是已经过了比赛截止日期了，小杨也没有拿出任何作品，就这样错过了一次展现自我的机会。

小何很不理解小杨是怎么想的，便趁着午餐时间频繁找小杨，询问她为什么没有参加比赛，还期望满满地对她的工作能力表示赞扬。小杨脸上挂着一抹略带歉意的微笑，说道：“太忙了，没时间。”

小何听到这个理由，也没有分析小杨所说的“太忙了”的具体原因，便高谈阔论般说道：“时间就像海绵里的水，总会挤出来的。我觉得你工作效率挺高的，不应该存在这样的问题。你要分析一下自己在什么地方太浪费时间了，压缩不必要的时间支出才好。”

小杨听到这些，什么话都没说，只是默默吃自己的饭。小何还想再说什么的时候，小杨却离开了。从此以后，小杨见到他能绕道走就绕道走，实在绕不开也基本不说话，小何一直不知道自己是哪里得罪了她。

这天，小何又特意找到小杨，想要问清楚原因，还说她是有晋升机会的，不要这样只满足于做一个基层员工。

听着小何喋喋不休，小杨实在压不住心中的火气了！原本看着小何是总公司派来的领导，所以总是对他恭恭敬敬的，现在小杨实在受不了了，只是冷冷地回复了一句："你管得太宽了。"便离开了。

直到小何离开这里回到总公司，小杨再也没有和他说过话。后来小何才知道：小杨家里有个脑瘫的孩子，还有一个重病的老人，所有的事情都需要她来操劳，真的是没有时间做工作以外的事情。她也并不是不想晋升，只是那样需要投入到工作上更多时间，她没有这个精力。

小何很后悔，自以为真心实意地和小杨交朋友，自以为关心别人，结果却给别人带来了困扰，还丢失了朋友。

每个人心中都有秘密，小杨的家庭情况就是她的秘密，小何的真诚待人没有错，但是他的关心显然越界了。他不知道小杨心中真正的症结在哪里，只是凭着自己的想法在做着所谓的关心别人的事情，结果事与愿违。

人心难测，每个人都有属于自己的秘密和故事，保持适当的距离能够让友谊更加坚固，情感更加珍贵。所以，我们在交往中要学会尊重他人的选择和隐私，拿捏有度，以真诚和理解来维系美好的人际关系。

谁的时间都没有多余，守时是最大的礼貌

每个人的时间都是有限且宝贵的，那些守时的人不一定优秀，但优秀的人一定守时。在人际交往中，时间观念的重要性不言而喻。注重时间观念不仅是对他人的尊重，也是对自己的负责。我们应该珍惜他人的时间，不要让对方等待或浪费其宝贵的时间资源。准时赴约、及时回复信息、恰当安排会面等行为都是守时的重要体现方式。

准时赴约是一种对他人时间的尊重和珍惜，它表明了我们对待他人安排的重视和认真程度。及时回复信息则展现了我们对他人关注和沟通的重视，能够建立起良好的沟通氛围和信任基础。恰当安排会面也是展现时间观念的重要方式，避免因为时间冲突而给对方带来困扰，同时也显示了我们的责任感和组织能力。

通过珍惜他人的时间，我们不仅体现了自己的品德素质，也为构建融洽和谐的人际关系奠定了坚实的基础。因此，在日常生活中，我们应该时刻牢记珍惜他人时间的重要性。

守时也有助于我们提升自身形象和信誉。无论是在工作场合还是日常生活中，守时、守约的表现能够帮助我们树立良好形象，使他人对我们产生信任感。在人际交往中，信任是维系关系的基础，而良好的时间观念则是信任的体现之一。

此外，守时也反映了一个人的自律和管理能力。善于安排时间、高效利用时间的人更容易在工作和生活中取得成功。这种自律的表现也会在人际交往中得到充分体现，使人们更加愿意与你合作或者交往。

守时在人际交往中至关重要。守时不仅是对他人的尊重和负责，也是维系良好关系、树立良好形象以及展现自律的重要途径。因此，我们每个人都应该在人际交往中注重时间观念，尊重时间、珍惜时间，从而建立更加健康、和谐的人际关系。

在刚开始工作的时候，年轻人小叶表现得十分积极，每天都能准时上班。而他的同事小徐是个不折不扣的富二代，虽然人在单位，但实际上是在消遣，天天眯着一双熊猫眼，无精打采的。小徐几乎每天早上都迟到，非常懒散。

刚开始的时候，小叶还能遵守考勤纪律。但偶尔迟到后，他发现领导也不批评自己。再加上受到小徐的影响，渐渐地，他也养成了不准时上班的习惯。

小叶家庭环境一般，有一定的经济压力，需要通过努力工作来确保个人生存。他心里特别希望自己能够快速成长，在职场上做出一番成绩来。

有一次，小徐和小叶讨论个人发展的问题，他们总结了很多因素。在一旁的领导看到这个情况，嘲讽地说道："连准时上班都保证不了，还谈什么个人发展。"

现实就是这样，要想在职场当中获得健康发展，遵守时间是必需的。努力拼搏的年轻人宁宇正是因为守时，才为自己赢得了一份好工作，成功开启了自己的职业生涯。

在大学期间，职业指导老师曾经说："如果想在职场获得健康发展，最好进入大公司工作。当你再找第二份工作时，很多企业会看重你的第一份工作。"宁宇听到了，也默默记在了心里。

大学毕业前，宁宇和其他同学一样，开始了各种面试。一天，宁宇收到一家知名外企的面试邀请，心里非常高兴。面试那天，下着大雨，很多面试者都晚到了半个小时，而宁宇却提前半个小时到达了面试地点。

或许就是在自己提前赶到面试现场的那半个小时里，宁宇获得了一个很好的机会，与那家公司的人力资源负责人聊了很多相关话题。在接下来的面试中，宁宇也表现出了极大的热情与信心。

最后，宁宇被成功录用了！当提到被录取的秘诀时，宁宇首先谈到了她的"早到习惯"，正是这一点赢得了人力资源部的高度认可。

守时不仅仅是一种良好的生活习惯，更是一种职业道德和责任感的体现。我们无论是在职场上还是在生活中，都要记住，准时赴约和遵守时间承诺都是非常重要的，因为它直接关系到工作效率、团队合作以及与他人的信任关系。

想象一下，如果一个人经常无法遵守与他人约定好的时间，总是让他人等待或者失约，那么别人就会很难建立起对他的信任。而在职场上，信任是一种珍贵的资源，它能够促进团队合作、提升工作效率，而守时则是获得信任的基础。

一个不能守时的人，很难在工作中展现出可靠性和责任感，也难以赢得同事和领导的信任和尊重。试想，如果一个人连遵守约定时间的承诺都无法兑现，又如何能够兑现那些需要付出更大代价的承诺呢？对这样的人，信任感又如何建立起来呢？

在当今这个快节奏的时代，时间的重要性愈发凸显。守时已经成为衡量一个人素质的重要标准之一。我们应当珍惜时间，有效把握每一分每一秒。无论是上班，还是约会，准时到达都是对他人最基本的尊重。

慎言是教养，交往中要善于倾听他人说话

在人际交往中，善于倾听他人说话是建立良好关系的关键之一。倾听不仅仅是一种行为，更是一种态度和能力，它展现了我们对他人的尊重、关注和理解。

通过倾听，我们可以更好地理解他人的需求和情感，加深彼此之间的沟通和信任，从而建立起更加牢固和融洽的人际关系。所以，我们在交往中要谨言慎行，多倾听他人说话。

倾听他人说话可以有效帮助我们深入地了解对方。每个人都有自己的故事、情感和需求，通过认真倾听，我们可以体会到每个人独特的生活经历和内心世界。

每个人都有自己的喜怒哀乐、忧虑和梦想，通过倾听，我们可以与他人建立起更加真诚和深刻的连接。在倾听的过程中，我们不仅能够感受到对方的喜悦和忧虑，还能够理解他们的动机和行为背后的深层原因。

通过倾听，我们可以拓展自己的视野，了解到不同人生轨迹和经历带来的多样性。通过倾听，我们可以更好地理解对方的立场和观点，避免误解和冲突的发生，从而实现更加和谐和有效的沟通。

同时，倾听也能够让对方感受到被重视和理解，建立起良好的互动氛围，有利于双方情感交流和信息传递。

倾听可以增进人际关系的信任和亲近感。当我们愿意倾听他人说话时，会让对方感受到被尊重和关怀，从而建立起更加牢固的信任基础。倾听是我们用来表达对他人尊重和关怀的最直接方式，能够打开彼此的心扉，促进情感的交流和连接，进而增进人际关系的亲近感和和谐度。

总而言之，善于倾听他人说话是一种重要的人际交往技巧和态度。通过倾听，我们可以深入了解他人、促进有效沟通、增进信任和亲近感，从而建立起更加牢固和融洽的人际关系。因此，在日常生活中，我们应该时刻保持开放的心态，倾听他人的心声，用心倾听，用心理解，用心去建立更加美好的人际关系。

在一家喧闹的咖啡厅里，有一位名叫丁亚荣的年轻女士，她总是善于倾听他人说话。

一天，一位陌生人坐在了她对面，看上去心情低落。丁亚荣主动向他问好，并邀请他分享自己的故事。

这位陌生人名叫郭晓鹏，曾经是一位辉煌的音乐家，但近年来却饱受创伤和困扰。他向丁亚荣倾诉了自己的音乐梦想和人生起伏，诉说了自己心中的挣扎和痛苦。

郭晓鹏说："我年轻的时候，是音乐界的新星，我的音乐作品风靡一时。然而，时间长了，我逐渐感到音乐之路上的孤独和压力。生活的琐事和挑战如潮水般袭来，让我逐渐失去了当初热爱音乐的那份纯粹。在追逐音乐梦想的道路上，我经历了许多起伏和挣扎。我曾在音乐创作中陷入困境，灵感枯竭，无法找到突破口；我也曾面对舆论的压力和质疑，让我开始怀疑自己的才华和价值。还有就是生活中的种种挫折和创伤也让我备受折磨。我几乎失去了挚爱，失去了信心和勇气。曾经的辉煌与梦想仿佛在我眼前渐行渐远，让我感到无助和沮丧。”

丁亚荣静静地倾听着郭晓鹏述说的每个细节，没有打断，也没有急不可耐地给出建议。随着时间的推移，郭晓鹏逐渐在丁亚荣的倾听下释放了心中的负重，他发觉自己找到了一个可以倾诉心声的港湾。

丁亚荣不仅用心倾听郭晓鹏的故事，还通过细致的询问和体贴的表达，让郭晓鹏感受到了温暖和关怀。在接下来的日子里，丁亚荣与郭晓鹏保持着密切的联系，她始终在他身边，倾听着他的音乐、他的梦想和他的内心。

通过丁亚荣的倾听和支持，郭晓鹏重新找回了对音乐的热爱，重拾了创作的激情。最终，功夫不负有心人，他成功举办了一场备受瞩目的音乐会。

这个故事充分展现了丁亚荣善于倾听的优秀特质，也充分诠释了倾听在人际交往当中的珍贵意义。丁亚荣的倾听并不仅仅是在表面上听取对方的言语，而是更深层次地体现了她对郭晓鹏内心世界的尊重、理解和关怀。她不仅是用耳朵去倾听，更是用心灵去感知，让郭晓鹏感受到了被理解和被接纳的温暖。

在这个安全的空间里，郭晓鹏才能敞开心扉，释放压力和情绪，找到了情感上的宣泄和慰藉。丁亚荣的倾听为郭晓鹏提供了一种无条件支持和理解，让他在彷徨和困惑中找到了依靠和安慰。通过倾听，丁亚荣不仅帮助郭晓鹏释放了压抑的情感，也促进了二人之间更为深层次的情感交流和相互理解。

这种倾听与倾诉的互动，不仅增进了两人之间的信任和亲近感，也为他们之间的关系注入了更多的温暖。在这个共享情感的过程中，丁亚荣和郭晓鹏建立了一种更加紧密和牢固的情感纽带，他们共同承担着彼此的喜怒哀乐，共同成长和前行。

因此，让我们在日常生活中多一些倾听，多一些理解，用心聆听他人的心声，创造出更多充满温馨、理解和支持的人际关系。倾听不仅能够让对方感受到被重视和被理解，也能够让我们自己成为一个更加关爱和包容的人，从而共同营造一个更加美好的社会环境。愿我们都能成为倾听者，用心倾听，用爱理解，让世界充满更多温暖和希望。

关系不到位，交浅言深是社交的灾难

在日常的人际交往过程当中，我们常常会遇到各种各样的人，有些人因为与我们关系没那么亲近，我们只是浅尝辄止地与其交谈，而有些人则能够与我们建立起深层次的沟通和联系。后者需要建立在相互信任和相互尊重的基础上，只有在对彼此有足够的信任和好感的情况下，才能够放下心防，敞开心扉地与对方交流。

而对那些交情不深的人说心里话时，就要避免一开始就将内心深处的秘密全部披露出来，而是要在交流的过程中，逐渐打开心扉，分享一些更加深刻的想法和感受。否则，很容易给自己招来不必要的麻烦。

当与交情不深的人说心里话时，需要注意一些细节以保持适当的尺度和礼貌。可以选择一些比较中性和普遍的话题，如对生活的感悟、对某件事情的看法等，避免涉及过于私人或敏感的话题。同时，表达时要保持客观和理性，避免过于情绪化或激动，以免给对方造成困扰或误解。

另外，在表达心里话的时候，要注重对对方的尊重和理解，尽量避免带有批评或者指责性的语言，应该更多地表达自己的感受和想法。在交流中，可以适当地表达对对方的信任和希望，建立更深层次关系的期待，以此来拉近彼此的距离。

然而，要实现交浅言深，我们需要具备一定的沟通技巧。首先，我们需要学会倾听，倾听对方的心声，关注对方的感受和想法。其次，我们需要表达自己的真实想法和感受，不要隐藏自己的情感，让对方感受到我们的真诚和坦率。此外，我们还需要学会适时地分享一些更加深刻的话题，引导对话向着更加深入的方向发展。

总的来说，与交情不深的人说心里话时，需要注意言辞的温和和尊重，选择合适的话题进行交流，并尽量表达真诚的情感和期待。通过理性而真诚的交流，或许可以逐渐加深彼此的了解，为未来的交往打下良好的基础。

有一个叫赵旭东的大学生，他在新学期交到了一个新朋友，名叫周红梅。他们两人相处时表面上很合得来，但实际上并没有深入了解对方。

一天，赵旭东因为课业和生活压力很大，在和周红梅聊天时情绪失控，开始倾诉自己的烦恼和心里话。赵旭东觉得周红梅是个好听众，于是毫不保留地说出了许多内心深处的秘密和困扰。

赵旭东谈到了家庭的问题、个人的挣扎和情感纠葛，甚至还提及了一些过去的伤痛和失败。

在当时，赵旭东并没有意识到自己言多必失，因为他觉得周红梅会理解和支持他。他对身边的周红梅说道："你知道吗，其实我一直都在为一个人纠结。我高中的时候喜欢上了一个女孩，她叫小雅。我们曾经是很好的朋友，但我从来没有勇气告诉她我的感受。我总是在想，如果我当时敢表白，也许现在我们就会在一起了。可现在，我却只能默默地为这段遗憾而叹息。"

周红梅轻轻拍了拍赵旭东的肩膀，安慰道："或许时间会带来改变，你永远不知道未来会发生什么。"她的话语充满了鼓励和安慰，让赵旭东感到一丝温暖。

赵旭东继续倾诉着：“而现在，我又遇到了一个人，她叫小美。我觉得我对她有种特别的感觉，但我又不确定她对我是什么感觉。我真的不知道该怎么办，我怕再次错过。我真的很想告诉小美我的感受，但又担心她会拒绝我。我怕再次面对失望和伤害，可又不甘心放弃。”

赵旭东最后叹了口气，他感觉到内心的矛盾和挣扎，却又找不到解决的办法。他看着周红梅，突然觉得有些难为情，因为这些心里话本应该是和更亲近的朋友分享的，而现在却在这样一个交情不深的人面前倾诉。

赵旭东感激地看着周红梅，说道：“谢谢你听我倾诉，或许我真的需要一些时间和勇气来面对这一切。”他站起身来，拍了拍自己身上的灰尘，一种释然和坚定的表情在脸上浮现。

然而，不久以后，赵旭东开始感觉到一些微妙的变化：周红梅在他面前显得有些疏远了，而且总是躲着他，显然不想和他进行深入交流。

开始，赵旭东只是以为自己给周红梅带来了困扰，没想到后来，他听说周红梅在背后传播了他说过的心里话，甚至夸大其词，导致他在朋友圈中变得极其尴尬和难堪。

赵旭东意识到自己的失误，后悔不该轻易倾诉给交情不深的人。他从这次经历中学到了珍惜真正的友谊，以及在交往中保持适当的距离和谨慎。

虽然这次经历让赵旭东受到了伤害，但也让他获得成长和更加懂得择友之道。从此以后，赵旭东学会了更加审慎和理智地对待与朋友之间的交流和分享。

由此，我们在说心里话时需要注意选择合适的对象，建立互信和尊重的基础，同时也要懂得保护自己的隐私和感情。深入交心需要时间和相互的理解，而且要慎重考虑对方是否足够可靠和真诚。

在人际关系中，保持适当的距离和边界也是非常必要的，这样才能更好地保护自己的内心和情感。通过与他人的交流和互动，我们可以学会更好地处理人际关系，建立健康和积极的友谊。

感情是有温度的，交往中要平衡热情和冷淡

在人际交往中，我们常常需要与他人建立联系和互动。但人与人之间的情感是有温度变化的，有时候，过于热情或亲密的关系并非总是积极的。拿捏住对方的心理变化，平衡热情和冷淡至关重要。

过度的热情可能会导致人变得过于依赖他人，失去自我。当一个人过度投入一段关系中时，他可能会牺牲自己的需求和价值观，甚至忽视了自身的成长和发展。

这种过度的依赖往往会导致人际关系发展不平衡，可能让对方感到压力重重，最终影响到双方的心理健康和个人成长。因此，适当的热情表达是重要的，但是需要在保持自我的前提下，维护好个人边界，提升自我保护意识，保持独立性和自主性。

过度的冷淡可能会让他人产生疏远感和距离感，使得双方难以建立进一步的关系，更谈不上变得亲密了。在人际交往中，我们如果表现出过分的冷漠和距离感，他人可能会因此而感到被忽视或不受欢迎，从而难以建立亲近关系。

这种情况可能会导致交流不畅、信任缺失，甚至伤害他人的感情。因此，我们需要学会在互动中适度地表现出真诚的关心，以及对他人的尊重和包容，以促进积极的人际关系。

了解何时表现热情、何时保持冷静，是培养健康人际关系的关键。只有在热情与冷淡之间找到平衡点，才能建立稳固、真实的人际关系，让彼此之间的交流更加愉快和有意义。

适当的热情可以表现为真诚的笑容、积极的态度和善意的行为。这种热情能够促进友好关系的建立，增进彼此之间的信任和亲近感。然而，当热情过度时，我们就需要适时收敛，保持一定的距离和独立性。这样可以避免过度投入引起的负面情绪，同时提醒他人，你也是一个独立自主的个体。

与此同时，适当的冷淡也并不意味着冷漠或者无动于衷。因为冷淡一些可以让人更加理性地处理情感，避免过度情绪化的行为。在某些情况下，保持一定的冷静和客观性有助于避免冲动做出错误决定，从而利于维护人际关系的稳定和健康。

因此，在人际交往中，我们需要学会平衡热情和冷淡，根据具体情境和对方反馈来调整自己的表现。只有在热情与冷淡之间找到平衡点，我们才能建立真实、健康的人际关系，让彼此之间的交流更加愉快和有意义。

关新是一名职场新人，对于工作充满热情，但她有一个问题，就是每次接到电话，总是紧张得说不出话来，或者用一些不恰当的措辞，让对方感到不舒服。

有一次，关新的上司打来电话询问项目的进展情况。关新一接电话，就感到心跳加速、手心出汗，她结结巴巴地说："那个项目还在进行中，我们正在努力。"

上司听了关新的回答，感到很不满。他觉得关新的态度不够积极，对于工作的进展情况也不够了解。从那以后，上司的态度变得冷淡起来，不再像以前那样信任她。

不仅如此，客户对关新也很不满意。比如，她有时会忘记及时回复客户的电话或者信息，或者在与客户交流时显得过于生硬或者冷淡。结果导致客户频繁投诉，给公司带来了负面影响。

客户的投诉让关新备感压力，她开始意识到自己的问题所在。她明确地知道，如果自己再不改变，很可能会影响到自己的职业发展。

于是，关新决定采取一系列措施，改变自己在电话社交方面的不足。

首先，关新开始认真对待客户的每一次来电和信息。她尽量做到及时回复，并且用热情和友好的语气与客户交流。她开始学习如何接听电话、如何用合适的措辞回答问题、如何表现出积极的态度。她还学会了在与客户交流时适当地运用幽默感，让客户感受到她的诚意和关注。

此外，关新还主动向公司里的资深同事请教，听取他们的建议和经验、学习他们的电话社交技巧。通过观察同事的行为和言语，关新逐渐领悟到了与客户沟通的诀窍。她发现，电话社交并不是一门高深莫测的学问，而是需要用心去学习和实践的技能。

在不断的努力和学习中，关新的电话社交能力得到了显著提高。她发现，自己不仅能够更好地与客户沟通，还能够更好地理解客户的需求和期望。

有一天，上司又打来电话询问项目的进展情况。关新自信地回答："项目已经取得了很大的进展，我们正在按照计划进行。如果有任何问题，我会及时向您汇报。"

上司听了关新的回答感到很满意。他觉得关新的态度非常积极，对于工作的进展情况也非常了解。从那以后，上司对关新的态度又变得热情起来，重新开始信任她了。

关新也意识到，在职场中，电话社交是非常重要的一项能力。要处理好电话社交，必须要平衡热情和冷淡，要在沟通时让对方感受到你的热情。只有掌握了这项能力才能更好地与领导、同事和客户沟通交流，让对方感受到自己的专业素养和责任心。

因此，拿捏好分寸，平衡热情和冷淡的关系可以让人际交往更加顺畅和健康，不仅能够表达自己的真实情感，还能够保持适当的距离和尊重，建立起稳固而愉快的人际关系。

面子都是别人给的，要保持尊重和宽容

在当今社会之中，人际交往早已是我们生活中不可或缺的一部分。我们在生活中常常努力维护着自己的面子，以此来获得社会认可和尊重。同时，在与他人交往时，我们也需要尊重和体谅对方，从而建立起健康、平等的人际关系。

而在与他人交往的过程中，尊重和宽容是我们应该时刻铭记的品质。尊重让我们懂得欣赏他人的独特之处，宽容使我们更加包容他人的不足和过失。通过尊重他人的面子和不断展现宽容的态度，我们可以构建彼此之间的信任和尊重，创造和谐的人际氛围。

尊重不仅是对他人的一种礼貌，更是对他人的一种认可。在人际交往中，我们应该尊重他人的观点和选择，尊重他人的个人空间和权利，尊重他人的文化和传统。

通过尊重，我们能够建立起相互理解的关系，促进彼此之间的和谐相处。尊重可以消除彼此之间的隔阂和障碍，让我们能够更好地沟通和合作，共同创造出和谐美好的人际关系。

而宽容则是在人际交往中更加需要的品质。宽容让我们学会包容他人的不足和过失，理解他人的处境和困难。通过宽容，我们能够化解矛盾，减少冲突，促进和谐相处。宽容也是一种智慧和修养，让我们能够更加平和地

对待他人，创造出更加和睦的人际关系。当我们能够用宽容的心态对待他人时，能够让彼此的关系更加融洽友好，共同创造更加美好的生活。

因此，在人际交往过程中，保持尊重和宽容是非常重要的。尊重让我们能够建立起相互理解的关系，宽容则让我们能够化解矛盾，从而促进和谐相处。

愿我们在日常生活中时刻铭记尊重和宽容的重要性，用心去倾听和理解他人，创造出更加和谐美好的人际关系。让我们共同努力，让尊重和宽容成为我们与他人相处的基本准则，共同营造一个充满尊重与和谐的社会环境。

我国西汉时期的大臣丙吉在当丞相时，手下有一个爱喝酒的车夫。车夫常无节制地纵饮，每逢外出随行时，总是将酒壶紧握在手中，仿佛那酒壶才是他生命中最亲密的伴侣。车夫总是不择场合，不顾时间，只要有一丝空闲，就会迫不及待地将酒液倾泻入口，让那烈酒的味道充满他的口腔，仿佛这样才能让他感到心灵的安宁。

有一次，车夫在为丙吉赶车时，竟因事先喝醉酒而呕吐在丙吉的车上。西曹主吏实在看不下去了，他建议丙吉将这个嗜酒的车夫辞退。

丙吉却觉得不应该这样做，他笑着对西曹主吏说："还是算了吧！如果今天我因为他酒醉的过失而革除他的职位，此后他还有何处可以容身呢？难道我们就不能给他一个改过自新的机会吗？他只不过是在一时的醉酒之下犯了个错误，难道我们就要因此将他抛之脑后，不顾他的生计和未来吗？你还是忍一忍吧，毕竟他只是在疏忽之下污染了我的车垫，并非故意损坏或有恶意。我们又何必小题大做呢？"

后来，车夫从别人那里听说了这件事，很是感动，丞相可谓是给足了他面子，他在心中暗暗发誓，有朝一日定要报答丞相的宽容之举。

这个车夫是边塞地区的人，对边塞军事的传递程序了如指掌。一天，他在外出时偶然目睹了一名传递军书的使者手持红、白二色的袋子，骑着马飞奔而去。这种情况在边塞地区意味着有紧急情况发生。他立刻明白，边境郡县可能遭受到了胡虏的入侵，情况一定十分紧急。

于是这位车夫决定跟随传递军书的使者，一路追随至官署，希望了解更多情况。通过打听，他得知云中郡和代郡遭受了胡虏的进攻，这是一次严重的边境危机。

车夫迅速返回丞相府见到丙吉，将所知情况详细陈述，并提出自己的建议："恐怕胡虏入侵的边郡中，可能有许多官员已年老多病，或者没有足够的能力参与战斗。大人，是否应先了解一下这些情况的相关资料？或许我们可以从这些方面着手，更好地应对当前的局势。"

丞相对这位车夫的建议深表赞同，立刻召见管理军吏任免的东曹官吏，要求详细查询边郡官吏的档案，并分条记录他们的年龄、经历等关键信息。

事情尚未完全办好，皇帝就诏见丞相和御史大夫，询问有关受到胡虏侵袭边郡的官吏情况。丙吉因为事先有准备，回答得头头是道，因此得到了皇帝的夸赞。而御史大夫仓促间无法说得详细具体，遭到了皇帝的责备。

丙吉得到称赞，与其说是他关心边塞、尽忠职守，不如说是他靠了车夫的帮助。

这则故事告诉我们，尊重和宽容是建立良好人际关系和团队合作的基础，当我们遇到困难和挑战时，互相理解支持是最宝贵的财富，只有共同努力才能实现个人和团队的成功。

由此可见，尊重和宽容是维系人与人之间良好关系的重要品质。无论是在家庭、工作场所还是社会生活中，都需要我们用尊重和宽容的态度来对待他人，促进和谐共处。当我们学会尊重他人、包容他人时，我们就能够更加和谐地与人相处，共同创造美好的未来。

懂得博弈规则，不困于心才是王道

人生中，我们经常需要与各种各样的人打交道，无论是与家人、朋友还是同事，我们都需要不断地应对各种关系。在与这些人的交往中，很容易因为一些琐碎的事情而产生不必要的计较，比如他人的一句话、一件小事甚至微不足道的举动，都有可能触发我们内心的焦虑和不安。

然而，何必事事纠结于心呢？如果我们能够学会放下这些计较，保持心境平和，以当和则和，当断则断的态度，收放自如地处理人际关系，也就意味着我们放下了思想包袱，不仅可以减少自身的负面情绪，还能够建立更加健康和融洽的人际关系，将会使我们的生活更加轻松和愉快。

在人际关系中的收放自如意味着能够自如建立自己喜欢的关系、解脱不喜欢的关系，以及将难以割舍的关系转变为良性循环。尤其是在亲情关系中，如亲子关系和兄弟姐妹关系，由于血脉相连和长期共同生活的紧密联系，通常无法轻易断绝，因此需要悉心呵护，促使双方之间建立互信、互惠的关系模式，实现良好互动，形成亲密无间、相得益彰的关系。在这种关系中，馈赠与回馈、付出与回报形成良性循环，带来共同的快乐与满足。

相比之下，友情等一些关系则可能比较容易断绝。在人际交往中，喜欢时可以交往，不喜欢时则可以选择不交往，避免陷入纠结和鸡肋状态。明辨何时应该维持关系，何时需要结束关系，是保持收放自如的关键。

因此，在人际关系中，能够拿捏准确时机，果断坚持或果断放下，便是真正的收放自如之道。学会在人际交往中收放自如，可以使我们更加从容地面对人际关系的复杂性。学会收放自如需要我们拥有一颗宽容的心。

在与他人交往时，难免会遇到一些不尽如人意的事情，而如何处理这些情况，是考验我们宽容度的时刻。宽容并不意味着姑息养奸，而是要学会接纳他人的不足，理解对方的处境和感受，从而在交往中保持一种温和的态度。这样的宽容心态，能够化解许多潜在的冲突，促进良好人际关系的形成。

拿捏准确时机需要我们具备灵活的应变能力。人际交往中，我们可能会面对各种各样的情况和各色人物，因此在处理这些关系时，不可能采取一成不变的态度。我们需要根据实际情况，灵活调整自己的表现和态度，既不失真诚，又能够让交往更加顺畅。有时需要坚定地表达自己的立场，有时需要退让和包容，这种灵活的应变能力，是维护人际关系的重要技巧。

拿捏准确时机，学会收放自如也意味着要保持内心的平和。在复杂的人际关系中，我们可能会面临各种挑战和压力，但如何保持内心的平和，是至关重要的。通过适当地调节和放松，我们能够更好地面对外界的变化，以更加从容的心态处理人际交往中的种种问题。

总之，学会放下计较，收放自如地处理人际关系，是一项我们需要长期修炼和积累的技能。通过培养宽容的心态、灵活的应变能力和平和的内心，我们能够更加从容地面对各种人际关系，建立起健康和谐的人际交往模式，让生活更加美好、充实。

小窦是某唱片公司的业务员，他因工作认真、勤于思考、业绩良好而被公司确定为部门副经理候选人。但是，他无意间透露了一个自己的秘密而被竞争对手击败，最终没有被公司重用。

事情是这样的：小窦和同事小李私交甚好，常在一起喝酒聊天。一个周末，他备了一些酒菜约了小李在家共饮。两人酒越喝越多，话也越说越多。

喝多了的小窦向小李说了一件他对任何人也没有说过的事。他说："我高中毕业后没考上大学，有一段时间没事干，心情特别不好。有一次和几个哥们儿喝了些酒，回家时看见路边停着一辆摩托车，一见四周无人，一个朋友便撬开锁，由我把摩托车开走了。后来，那朋友盗窃的时候被逮住，在派出所里供出了我，结果我被判了刑。刑满后我在老家四处找工作，处处没人要。没办法，后来在朋友的介绍下，我才来到厦门找门路。不管咋说，现在咱得珍惜，得给公司好好干。"

实际上，小窦也确实非常珍惜现在的工作。来公司三年时间，公司也是因为看到他的表现和业绩，才把他和小李确定为业务部副经理候选人。

几天之后，公司人事部宣布小李为业务部副经理。这本来也在小窦意料之中，毕竟小李的工作业绩也非常出色，但是他没想到的是，公司居然把自己调出了业务部而另行安排了工作岗位，这份工作的前途可比业务部差远了。

小窦到了新部门那里才了解到，原来是自己酒后话多，说了这些不该说的话，被小李告诉了总经理。不难想象，一个曾经犯过法、坐过牢的人，老板怎么会重用呢？尽管小窦现在表现不错，可是那个污点是怎么也擦不干净的。

小窦觉得小李这样的朋友不能来往，觉得他是出卖朋友的那种人，但是冷静下来又一想，归根结底是自己曾经做了错事，才给了竞争对手上位的机会，这又怎么能怪小李呢？小窦没有计较小李打小报告的事情，还主动找到新部门的经理，向他坦白自己来到这里的原因和以前做的错事，新部门的经理觉得小窦坦诚直率，很欣赏他。

从此以后，小窦在新部门好好工作，从不抱怨，工作十分出色。在遇到小李的时候，小窦也表现得和颜悦色，丝毫没有怪罪他的意思，两个人还维持着不错的同事关系。

"交浅而言深"从古以来都是交友的大忌，小窦把同事当朋友无可厚非，但是对竞争对手也毫不防范就太疏忽大意了。但是小窦的心态很好，他没有斤斤计较小李的所作所为，而是找自己的原因，给了彼此一个空间。

在实际的感情交往中，要做到收放自如并不容易，需要不断地调整和磨炼。这可能包括学会倾听对方的意见，理解彼此的需求，学会控制自己的情绪，避免过度敏感或冲动的行为，以及学会适时的沟通和表达。通过这些努力，可以在感情中建立更加健康、稳固的关系，让彼此更加融洽地相处，共同成长和进步。

第五章

说话有尺度，人有温情才会不残酷

说话是一门艺术，在人际交往中，懂得拿捏说话的尺度是非常重要的。在沟通的时候注意拿捏住言辞的分寸，我们往往会左右逢源，朋友众多。

适时的赞美和鼓励可以拉近彼此的距离，而理性的批评和建议则有助于促进他人的成长。在交流中拿捏好分寸，保持礼貌和善意，避免冲动和伤害他人的言辞，能够让我们赢得更多的朋友和支持。

只有学会说话的艺术，并拿捏好说话的尺度，我们才能在人际关系中游刃有余，结交更多志同道合的朋友，共同走向成功。

时间很宝贵，说话有尺度才能快速展现自己

日常生活中我们常遇到办事不顺、结果不尽如人意的情况，究根溯源，很多时候是因为说话方面的问题造成的。同样一件事情，换一个人，换一种说话方式，结果就大不一样。

但是遗憾的是，很多人不把“说话”当回事，尽管他知道自己在说话上存在这样那样的缺陷，却看不到这些缺陷给自己的生活、事业带来的巨大危害而听之任之，这样下去，吃大亏的还是自己。这样的人更是永远成不了说话高手。

说话比做文章、读文章难。做文章可以细细推敲，再三修正；读文章可以细细体味，详加研究。说话则不然，说出去的话如同泼出去的水，所以与人对话应该特别留神。

人与人之间好感难得，恶感易成，与人对话必须谨慎，说话方式要符合对方个性，才会产生作用。但也不要忽略你与对方的交情深浅程度，否则“交浅而言深”“不可与言而与之言”，还不如不言。当然，知己相聚，上下古今，东西南北，兴之所至，无所不谈，你不必有所拘束，但是也不可过度，言语产生误会的话，感情必然会有裂痕，一定要注意。

在现今社会中，语言能力是现代人才必备的素质之一。说话技巧是衡量一个人学识的标尺，是展示一个人形象的平台，是通往事业成功的重要因

素。凭着它往往能赢得领导、老师、同学、朋友的青睐，能给你的学习、生活、工作带来许多方便。

说话艺术不仅仅是一门学问，还是你赢得事业成功的资本。拥有良好的说话技巧，就可以促使你事业成功。所谓的说话艺术，就是口语表达的才能，即善于准确、贴切、生动地表达自己思想感情的一种能力。有的人讲话闪烁着真知灼见，给人以深邃、精辟、睿智、风趣之感，他们必然成为社交场合上的佼佼者。

曾经有一家五星级酒店要招聘高级服务管家，这个职位不是随随便便就能胜任的，需要有良好的外形条件、学历、阅历、处事不惊的稳定能力和灵活的反应能力，因此招聘方非常谨慎。

经过层层面试，有三名男士来到了最后一关，总经理要亲自为他们面试。

这位总经理问："假如你无意中推开房门，看见女房客正在淋浴，而她也看见你了，这时你该怎么办？"

这个问题看似简单，却十分考验应变能力。

甲答："说声'对不起'，然后关门退出。"

乙答："说声'对不起，女士'，然后关门退出。"

丙答："说声'对不起，先生'，然后关门退出。"

结果，丙被录用了。

为什么呢？因为甲的对答无称呼，虽然简洁，但不符合职业要求，而且也没使双方摆脱窘境；乙称呼准确，但不合适，反而加深了客人的窘迫感；而丙这种故意误会的说法维护了旅客的体面，非常得体、机智，表现出一个侍者应该具有的职业素质和应变能力。

这个故事告诉我们：一个人事业的成败，常会在一次谈话中获得效果。所以，你想获得事业上的成功，必须具有能够应付一切的沟通技巧，只有善于沟通，才会有成功的事业。

尽管我们每天都在与人交谈，但是有时候，与人交谈，特别是与陌生人交谈，会是一种令人望而生畏的挑战。不善于交谈的人会打着“少说话让人远离是非”的幌子来掩盖自己在这方面的不足，但事实上呢？大多数事业成功者都是成功的交谈者。而且，善于交谈的人往往会在事业上获得成功，这是不争的事实。

也许不是所有人才都是演讲大师，但善于说话的人必定是人才，并且有机会成为成功的人才。会说话是交际型人才的基本素质，思维敏捷、能言善辩是其事业成功的保障。

一个善于说话的人，首先必定具有敏锐的观察力，只有这样，说出的话才能一针见血，准确地反映事物的本质；其次，还必须有缜密的逻辑思维方式，懂得怎样分析、推理和判断，说出话来才能滴水不漏，有条有理；最后，还必须有流畅的表达能力。另外，知识渊博，话才能说得生动流畅。

古人云：“一言而兴邦，一言而丧邦”“一人之辩重于九鼎之宝，三寸之舌强于百万之师”，就充分证实了口才的力量。在不同的场合，口才发挥着不同的作用，我们应练就良好的口才，观色而语，妙语连珠，做到“在官言官，在府言府，在库言库，在朝言朝”。也只有如此，才能在鱼龙混杂、瞬息万变的社会中安身立命，脱颖而出！

有理不在声高，拿捏好力度才能以理服人

有一句话叫作“有理不在声高”，一个人说话有没有道理是在于他讲的内容，而不是声音大小。当然，要想让别人快速接受自己的道理，那么在说话的时候就要力度适中。

力度适中是指在表达观点或主张时，既不过于强硬、激烈，也不过于委婉、含糊，而是恰到好处地拿捏用词、语气和态度，使对方能够理解并接受你的观点。掌握好说话力度可以增加说服力，让人更容易接受你的想法，并且有助于建立良好的沟通关系。在与他人交流时，尊重对方的观点，善于倾听并适时调整说话的方式和力度，是以理服人的有效方式之一。

如何才算是拿捏好了说话的力度呢？在交谈过程中，首先要留意自己，说话是不是太快了？如果说话快而导致字音不清，就会使人听了等于没听。即使快而清楚，也不足效仿，因为说话的目的在于使人全部明了，别人听不懂你要表达的意思，也是浪费时间。其次要留意自己说话的声音是不是太大了，声调是不是太高了。在公共场所或者在会客室里，过大的声音会使对方感到不舒服。同样，每句话的声调也该有高有低，有快有慢，说话有节奏，快慢合适，这可使你的谈话充满情感。

能言善辩的人让人敬服，强词夺理的人只会遭人鄙视。日常生活中我们一定要谨记：“能说”不是“多说”，更不是“强说”。

要想以理服人，往往不在于你是否能口若悬河、滔滔不绝，而是在于能否在特定情境下从细节入手，提高语言表达的水平，让你的努力事半功倍，而这个细节就在于说话力度。

前几天，李先生刚刚晋升为办公室主任，总想“新官上任三把火”，来树立自己的威严。

这天，正好秘书小王送来的报告书有些问题，李先生便觉得展现自己的时候到了。因此，李先生怒气冲冲地走进办公室，啪的一声将报告摔在小王的桌子上，声音之大立刻令办公室里的几个人都愣住了。

李先生以为这是个惩一儆百的好机会，便大吼道：“你看看，干了这么多年，竟写出这样空洞无物的报告，送到总经理手中，一定会以为我们都难胜其任！以后，脑子里多装点工作，上班时间精神振作一点。”说完，他一甩手走了，把小王晾在那里，显得尴尬异常。

过后，李先生满以为办公室的工作效率会提高，可事与愿违，大家都躲着他，布置工作的时候大家不是说没时间就是说手头有要紧事。

李先生百思不得其解，不知道自己哪里做错了。这天晚上他回到家，看到妻子正在和儿子说话，才明白自己哪里做错了。

儿子的考试成绩出来了，除物理考得不好以外，其他成绩还不错。妻子将儿子叫到跟前，和蔼地说：“伟伟，你这次成绩进步了，我很高兴。如果你继续努力一些，下次物理成绩一定会考得和其他科目一样好的。”

儿子听到这些话，高兴地接受了这番赞扬，同时也意识到下学期要加把劲，把物理的学习成绩赶上去才好。

李先生反复琢磨妻子的话，想着如果妻子说的是“但是，你如果加强一下物理就更好了”这样的话，很可能使儿子怀疑之前的赞扬之词是后面批评的前奏，因而产生抵触情绪，对他的学习不会有裨益的。

李先生明白了自己工作上说话的失误，知道应该转换说话方式才能得到下属的支持。

适中的说话力度表明你尊重对方的观点和感受，不会过于强势或者傲慢地表达自己的看法。这种尊重能够让对方感受到你的善意和真诚，从而更愿意倾听你的言论。

适中的说话力度能够增加你的说服力。过于强硬或激烈的言辞可能会引起对方的反感或抵触情绪，而过于委婉或含糊的表达则可能导致对方无法理解你的观点。恰到好处的力度能够平衡表达的直接性和礼貌性，使你的论点更具有说服力。

在交流过程中，使用适当的语气和态度能够降低误解和冲突的发生，让双方更容易达成共识和理解。过于强势或过于委婉的表达方式可能会影响与他人的关系，而适中的力度可以表明尊重理解的态度，避免因为沟通方式不当而引发不必要的矛盾和纷争。因此，拿捏好说话力度是以理服人的关键所在。

说话要懂博弈，趋利避害才能讲清利害

趋利避害是人们在作出选择和决策时常常遵循的一种原则。通过追求利益最大化和风险最小化，我们可以更加清晰地认识利害关系，并更好地把握事物的本质。

在面对各种选择和决策时，我们需要认真思考不同选择所带来的好处和坏处，以及可能产生的影响。只有通过权衡利弊我们才能作出明智的决策，把握事物的本质，并准确评估风险。

有时候，说服他人并不在于说了多少话，而要看能不能说到点子上，只要一针见血，就能立竿见影，使人口服心服。但凡能服人的那种一语中的的话通常具有以下几个特点：

首先，针对性强。这是说一定要找准说服对象的思想症结，对症下药，说到点子上，才能产生显著的说服效果。

其次，直冲要害。这是指说服语言应语句短促，语意明确，语气恳切，旗帜鲜明，有响鼓重槌之妙。

最后，有震撼力。通常指涉及重大原则和立场，特别是对方切身利益等问题的话，一出口必定能给对方重重一击，震撼对方的心灵，促其权衡掂量，分析利弊，最终“取其利而从之”，作出正确的选择，产生意想不到的神奇效果。

当然，能出口见效的话并不是随口道来的，它必定经过了人们的思索，是语言的精华，是点石成金的思想催化剂。所以，为了提高说服效果，应下功夫寻找能服人的那一句话。

要想能够讲清利害关系，就要讲道理。要想讲清楚一件简单的事情，可以通过一两个典型事例加上简明扼要的分析把道理说清楚。面对复杂的事情，涉及的因素必然更多，甚至触动一点就牵动全局，因此更要全方位、多层次、多角度地开展说明，权衡好利弊，作出正确的利害抉择。要想对他人讲清利害，一定要晓之以理，满怀信心，要运用委婉、商榷的语气，切忌盛气凌人、以势压人。

晓之以理，还要结合动之以情，通情才能达理。对于青少年和平日没有深刻的理论思维习惯的人，要以事论事，将心比心，运用其自身或熟人的经验教训，再加上感情色彩浓厚的语言绘声绘色地诉说，引发情感上的共鸣，从而为接受道理扫清障碍。

对于那些实惠观念很强的人，理难服他，情难动他，唯有“衡之以利”是切实有效的一招。单从个人实实在在的得失考虑，他也会趋利避害，接受你的说服。而对于那些明事理、重情义的人，并不要求过分讲究实惠，只要设身处地充分考虑到他的切身利益和实际困难，就可以令其心悦诚服。

孔子周游列国的时候，得知齐国相国田常将率兵伐鲁，对门下弟子说：“鲁国是我的母国，如今情势危急，你们怎不想办法挽救呢？”

子张、子石、子贡自愿为说客，但孔子只答应子贡的请求。

子贡向孔子辞行后，便直接到齐国求见田常。子贡对田常说：“齐国出兵攻鲁，我认为是严重的错误，因为鲁国是个无法征服的国家。鲁国城墙低，城壁薄，国土狭小，君王懦弱，大臣愚昧，百姓又厌恶战争，因此我说无法征服，相国不如伐吴。吴国城墙高、城壁厚，国土辽阔，兵精甲利，战将如云，这才容易征讨。”

田常十分生气，说：“您说的困难是一般人说的容易，您说的容易却是一般人说的困难，为何对我说这么荒谬的话呢？”

子贡说：“我听说‘国家内部有问题，要选择强国来攻击；相反的，国家外部有问题，则选择弱国来攻击’。打败鲁国，造成齐国疆域的扩张，只会使齐王骄傲，朝臣骄宠，功劳不在相国您个人身上，于是您在齐王心中的分量就减弱了，这完全是您出兵的不当，造成齐王高傲，大臣权重，您想要进一步成就什么大事，就困难了。更严重的是，您上与君王疏远，下与群臣争权，就连原有的地位也岌岌可危。因此我说不如出兵攻吴。伐吴不胜，齐国的兵力折损于战场，对您有威胁的大臣武将也消灭一空。到时候，有能力掌握整个齐国的就只有相国您一人了。”

田常脸色这才和缓下来，点头说道：“先生的分析尽管有理，但我军已经开到鲁国边境，倘若忽然命令军队伐吴，大臣们会起疑心。先生看该怎么办呢？”

子贡说：“相国先想办法拖住军队，我马上前往吴国，说服吴王为救鲁而伐齐，相国再出兵迎敌。这么一来，再聪明的大臣也不会怀疑相国的用心。”

田常听后觉得有道理，便一口答应下来。

子贡辞别田常后，马上连夜赶往吴国，对吴王夫差说：“臣听说真正的王者不会灭绝别人的世族，真正的霸主没有畏惧的敌人。千钧虽重，但是加一铢就可动摇，今天强齐伐弱鲁，摆明了是要和吴国争夺霸权，对您而言是一大威胁，大王为何不伐齐救鲁呢？救鲁能彰显大王救绝存亡的仁名，伐齐能得到大利，泗水一带的各个小国可因此划入吴国。既击破有争霸实力的强齐，又可让强大的晋国望风臣服，还有什么比这个对吴国更有利的呢？再说，大王以救鲁为名出兵，其实是为了击破齐国，有这个名义和机会，各国诸侯再聪明也无法怀疑大王您出兵的正当性。”

吴王说："好计！但是本王曾经大败越国，多年以来，勾践卧薪尝胆发愤图强，一直想找机会报复，为除后患，待本王伐越后再救鲁。"

子贡说："不可，越国的实力好比鲁国，而吴和齐则是实力差不多的一级强国，等大王您击破越国，齐国也早就拿下鲁国了。再说大王是以'存亡继绝'的名义出兵伐齐，如今先讨伐小小的越国，会被看成吴国是惧怕齐国的强大，这不是大勇的表现。真正的勇者不怕困难，真正的仁者不怕一时的困顿，真正的智者不会错失良机。现在不灭越国，是对诸侯显示大王的仁德，为救鲁而伐齐，必能使晋国感受到吴国国力的强大，其他诸侯也必会因吴国的强大而臣服，那么大王的霸业就来临了。倘若大王实在放心不下，我愿为大王跑一趟越国，要越王出兵随大王伐齐，这样越国境内就无兵可用，大王也不用担心勾践会乘机谋反。"

吴王听后大悦，便答应了子贡。

子贡离开吴国后，马上前往越国。

越王勾践听说子贡要来，马上令人清扫道路，并在三十里外亲迎子贡，奉为上宾。

子贡说："我来之前，曾想说服吴王救鲁伐齐，吴王想出兵却担心越国趁机攻击吴国，坚持要灭越才肯伐齐，如此，越国灭亡便在旦夕之间。我听说，一个人倘若没有报仇之心，却表现得让人怀疑，这是愚笨的；倘若真有雪耻之心却让人识破，这是失败的；还没有行动就让人预测到，这是危险的。这三点都是成就大事的兵家大忌。"

勾践赶忙跪下来向子贡求道：“孤曾不自量力和吴对战，当年战败的惨状痛入骨髓，孤日夜寝食难忘、苦心焦思，就算与吴王同归于尽也心甘情愿。”

子贡说：“吴王好大喜功，群臣早就无法忍受，再加上吴国因连年征战，军士疲敝，百姓更是怨声载道。太宰伯嚭一味讨好吴王，以满足自己私欲，这已是亡国的征兆。如今只要大王肯发兵随吴王伐齐，迎合吴王称霸的野心，以宝器赠予吴王，以卑辞尊奉吴王，那么吴王一定出兵伐齐。若吴王伐齐失败，就是大王雪耻之日；若伐齐成功，吴王一定乘胜伐晋，我将觐见晋君，请晋君伐吴，吴国以精锐部队伐齐后再战强晋，一定元气大伤，这时大王就能乘机攻吴，洗雪会稽之耻。”

越王再次道谢。

五天后，越王派大夫文种至吴，文种跪拜吴王说：“东海贱臣勾践的使者文种特地前来拜见大王，勾践听说大王为伸张正义救鲁伐齐，特派下臣文种奉上先人所收藏的盔甲二十副、屈卢之矛、步光之剑，为大王壮军威，另精选国内士兵三千人，恳请准许贱臣勾践披甲带剑，率军随大王出征，为大王先锋率先杀敌。”

吴王听了十分高兴，将勾践愿意随军出征的事告知子贡。子贡说：“不可，王已让越国全部士兵随军出征，如果再答应越王的请求，就有些过分了，不如辞谢越王。”

吴王依子贡所言，归还了勾践这三千名士兵，领军出发了。

吴王出兵伐齐后，子贡又赶往晋国，对晋君说：“臣听说‘人无远虑，必有近忧’。如今吴王伐齐，若齐王获胜，勾践一定会乘机洗雪会稽之耻；若吴王获胜，一定乘势加兵晋国。”

晋君大惊，问子贡：“那怎么办才好？”

子贡说：“你应该立刻召集军队，以逸待劳。”

子贡回到鲁国后，吴王与齐兵战于艾陵，大破齐军，生擒齐将七名，果然没有返吴的打算，想乘胜攻晋，幸好晋国早有准备，吴军大败。越王听说吴王惨败，立即出兵偷袭吴国，在离吴都七里的地方扎营。吴王听说勾践发兵攻吴，立即下令班师回朝，与越王战于五湖，但是三战皆败。于是，越王勾践围了吴王宫，杀夫差的儿子和伯嚭，夫差自杀，勾践终于洗雪会稽之耻。

子贡靠一张嘴，存鲁、乱齐、灭吴、强晋而霸越，十年之间五国的情势发生了剧烈变动。

只要给予充分的理由，讲清利害，就能够令人信服。子贡就是利用各位君主的心理，针对他们的利益得失，周旋于五国之间的。这一套纵横捭阖的言辞，颇有纵横家的风范。人生在世，要求得生存与发展，必然有各种各样的正常需要。如果丝毫不考虑对方的合理需要，双方就没有共同的语言，说服就无从谈起了。如果看准了对方的需求，说服就能有的放矢，确有成效。

言多必失，说话太多容易暴露自身缺点

有一句调侃之语是这样说的，叫“饭可以乱吃，话不可以乱说”，因为话一旦说错了，就会伤害别人，从而伤害自己。所以，言多必失。我们在说话之前一定要好好琢磨琢磨这句话应不应该说，如果不应该说，那就闭嘴；如果嘴比脑子快，那么就会招来别人的厌恶。“言多必失”这句话强调了说话过多可能导致失误或暴露自身缺点的风险。当一个人言辞过多，过度表达自己的看法、情绪或细节时，就增加了犯错或被他人利用的可能性。

一是过多的言辞可能导致失误。当人们说话过多时，很容易在言语中出现矛盾、错误或不一致之处，从而引发他人质疑或误解。过多的言辞也会增加信息量，导致混淆和不必要的误解，最终可能导致失误和困扰。

二是暴露自身缺点。过多的言辞往往会暴露个人的弱点、短处或隐私，使他人更容易发现你的不足之处。此外，言多必失也可能暴露自己的情绪问题、个人秘密或者不成熟之处，从而被他人利用或攻击。

三是影响他人对你的印象。频繁言辞的人往往会给人留下啰唆、不自信或不专注的印象，可能降低他人对你的信任和尊重之感。过多的言辞还容易让人感到疲倦和厌烦，影响与他人的良好沟通和关系。

因此，要避免“言多必失”的风险，我们需要学会拿捏自己的言辞，避免冗长和不必要的表达。三国时期，杨修之死就是这方面的典型例证。

杨修是东汉文学家，为人恭谨好学，博学多才。他出身汉魏弘农杨氏，家族里“四世三公”，是当时妥妥的贵族公子，单论出身曹操都无法和他相比。就是这样一个有才华、有家世的人，死得却十分憋屈，就是死在了自己那张嘴上。

汉建安二十三年，曹操率领大军和刘备大战于汉水，争夺汉中。这场战争曹操已连败数阵，损失惨重，最严重的是他的股肱大将夏侯渊在定军山被刘备手下老将黄忠所杀，战争处于不利状态。

曹操领兵驻扎于斜谷界口，屯兵日久。想要进攻，但是对面的马超太厉害；想要收兵，又恐怕被汉军耻笑，因此心中犹豫不决。这天晚上，军中的厨师端进来一份鸡汤，曹操看着碗中的鸡肋颇为感慨。

这时，夏侯惇入帐请示夜间口号。曹操随口说了一句：“鸡肋，鸡肋！”

行军主簿杨修听说后，便起身收拾行装准备归程了。

夏侯惇不明白为什么，就问杨修：“您为什么要收拾行装呢？”

杨修曰：“鸡肋者，食之无肉，弃之有味。如今我们进攻不能取胜，退兵又恐遭人耻笑，因此正是‘食之无肉，弃之有味’的时候，与其在此地干耗着还不如早些回去。就这几天，魏王一定会下令班师回朝的，所以要先收拾行装，免得到时候慌乱。”

夏侯惇一听，觉得很有道理，说道：“公真知魏王肺腑也！”结果，所有将士无不准备启程回师。

曹操知道此事后勃然大怒，以“扰乱军心”之罪将杨修首级悬挂帐外示众。

杨修所说有理有据，分析形势又极其透彻，但是他却不懂此番话已然构成了“乱军之罪”的事实。更重要的是，“公知魏王肺腑”实属犯了曹操的“大忌”。话说太多就会暴露自身缺点，而杨修的缺点就是“太聪明，好显摆”，什么话都敢说。如此说来，他死得倒是也不算冤。

所以，要说的话，事前先打腹稿，列出纲要，说话开始时，先要定一定神，态度从容，注视对方的眼睛，表示出恳挚的神情，边说边注意他的反应，是赞成还是不以为然，随时调整你的说法。

如果发觉他神情不屑，不愿意多听的样子，你就该设法收尾；如果发觉他怀疑的样子，你就该多做解释；如果发觉他乐于接受的样子，你就该单刀直入，不要再绕什么圈子；如果发觉他要插言的样子，你就该请他发表意见。你要向对方说话，先要明白他的个性，如果对这个人不甚了解就不要说太多，而是引导他先说话，从而获取对自己有用的信息。他喜欢学问的，你应该说高远的话；他喜欢婉转的，你应该说流利的话；他喜欢亢直的，你应该说激切的话；他喜欢琐事的，你应该说浅近的话；他喜欢诚恳的，你应该说直接的话。你的说话方式，与对方个性相符，自能一拍即合。

大智若愚，有大智慧的人一般不乱讲话。只有那些胸无点墨又爱慕虚荣的人才喜欢信口开河，大发言论。“宁可把嘴巴闭起来，使人怀疑你是浅薄，也不要一开口就让人证实你的浅薄。”这是一句值得大家牢记的名言。

赞美不是拍马屁，也要讲尺度

有一句谚语，我们应该牢记在心：“唯有赞美别人的人，才是真正值得赞美的人。”在当今社会，由于大家压力都很大，很多人往往容易注意别人的缺点而忽略别人的优点。因此，发现别人的优点并给予由衷的赞美，就成为一种难得的美德。尤其是在工作过程当中，这种美德更为重要。

无论对象是你的上级、同事，还是你的下级或客户，没有人会因为你的赞美而动气发怒，一定会心存感激而对你产生好感。巧妙地运用赞美手法，让你的上级欣赏你，让你的同事帮助你，让你的工作得以顺利完成，为每个人营造一种和谐的办公室气氛，同时不失去自己做人的尊严和修养，事业的成功也就离你不远了。

但是在办公室里，有些人的“赞美”总让人感到“恶心”。他们总像戴着一副面具，不分场合和时间，巴结他遇到的每一个人，什么过头的话他都说得出口。他们认为向上司大献殷勤就能轻而易举地得到晋升，而不想通过努力工作而获得成功。

靠这种方式平步青云的人肯定有，否则不可能有人去效仿，但是遇到聪明而有人格的上级的时候就行不通了。因为赞美别人并不是工作的全部，只是建立良好的人际关系，使自己的工作得以顺利完成、目的得以顺利实现的一种方法。让周围的人嫌弃、厌烦，对自己有什么益处呢？

赞美应该是发自内心的，是自然而然的善意的行为，不需要你绞尽脑汁，处心积虑，也不需要你时时小心谨慎。把每一次赞美当作一次学习的过程，把他人的优点作为自己仿效的榜样，别人也就会很乐意帮助你。

在任何场合，对任何人，都要用适当的方法加以赞美。你可以把它看作对未来的一笔投资。哪怕是其他部门的领导，或者是你所厌恶的人，也应该对他们的长处加以赞赏，这样会给你带来回报。

某文化公司要建一座高级影剧院，需要定制座椅。这是一笔不小的订单，周围的供应商纷纷来到这家文化公司，想要签下这笔订单，但是都失败了。这一天，一家公司的李经理找上门来，想要谈成这笔合作。

李经理进入王经理办公室的时候，看见王经理正在埋头批阅桌上的一堆文件，于是，他静静地站在那里仔细地打量起这间办公室来。

过了一会儿，王经理完成了手头的工作，李经理才说道："哟！您的办公室好气派，我从未见过这样漂亮的办公室！如果我有一间这样的办公室，就心满意足了。"他又摸了摸办公椅扶手，说道，"这不是香山红木吗？难得一寻的上等木料哇!"

听到李经理这么说，一看就是懂行的，王经理的自豪感油然而生。他说："整个办公室是请深圳的装修专家装修的。"说罢，不无炫耀地带着李经理参观了整个办公室，并兴致勃勃地介绍着设计比例、装修材料、色彩调配，兴奋之情，溢于言表。

李经理时不时地发出赞美和感慨，令王经理十分舒心。

不用说，李经理顺利地拿到了王经理签字的座椅订购合同。

他得到了满足，也给了王经理一种满足。

在这里，李经理最有亲和力的一句赞语恐怕就是那句“这不是香山红木吗？难得一寻的上等木料哇!”显得既内行又点到了对方的最爱，算是赞到了点儿上，也才使那位王经理敞开了心扉。

赞扬不光是说好话，而是说让人舒心的话，可以采用问候、商量、关心、敬重的口吻。比如李经理，他不是无聊地尬夸王经理多么成功，而是从他的办公室入手，夸赞他的办公室有品位，这样吸引了王经理的注意力。在王经理滔滔不绝地带着李经理欣赏自己的办公室时，李经理不仅恭敬聆听，而且每句话都夸在点子上，所以他获得了这张订单。

当然，如果你认为对方不值得赞美，就不必去赞美。虚伪的赞美会使自己陷入无法摆脱的困境，而对方也会觉得你在嘲讽而不是赞美他。如果是违心的，会令对方认为是你在溜须拍马，盲目地追随别人的恭维更是如此。有些人不是出自真心而是随大溜，跟着别人说重复的恭维话或者附和别人的赞美，这不仅使自己处境尴尬，还会引起被恭维者的反感。

真诚的赞美应该是基于客观的观察和体会，而非出于虚假的目的或投机心态。因此，赞美一定要避开“拍马屁”的嫌疑，否则，不仅起不到调和人际关系的作用，反而事与愿违。

简单粗暴的批评，只会令人十分厌恶

一个人的口才水平可以在很多方面体现出来，而批评的技巧则是其中一个至关重要的因素。当我们面对明显错误时，避免不了需要批评别人。然而，直接的批评常常难以被接受，要让批评产生应有的效果更是不容易。因此，口才高明的人往往懂得如何巧妙地运用批评之术。

直接指责他人的错误很可能激起对方的反感，而巧妙地提醒对方自省反思更可能促使其改正错误。其实，许多时候批评的效果往往并不在于言语的尖刻而在于形式的巧妙，正如一片药加上一层糖衣，不但可以减轻吃药者的痛苦，而且使人很愿意接受。

曾经有一位老板，他会不定时地到自己投资的商场去巡视一遍。有一次，他看见一名顾客想要买东西，但是那些售货员却在柜台以外的角落里挤成一堆说说笑笑，完全没有看到这位顾客。这位老板没有直接叫售货员过来，而是自己站到柜台后亲自招呼那位顾客，然后把货品交给售货员去包装。等到老板走过来时，售货员才注意到老板和顾客，瞬间极其尴尬。而这位老板也没有批评这些售货员，这件事让售货员感触颇深，他们及时改正了服务态度，再也不敢开小差了。

没有人愿意挨批，不管你说得有多对，批评常会产生一些负效应。这位老板就是采取身体力行的方式教育自己手下，使批评达到春风化雨的效果。

其实，有脸有皮的人会立刻意识到自己的错误从而改正，没脸没皮的人你再怎么批评他都是没有用的，这种人直接开除就好。

当我们试图劝阻某件事情时，也许可以避免直接批评，通过委婉的方式给出提醒。因为直接批评可能会损害对方的自信心，伤害他的自尊；但是如果你以婉转的方式表达，对方会理解你的用心，不仅会接受，还会感激你。

无论是在生活还是工作中，批评和奖励同样至关重要。因为每个人都有自己的缺点，只有认识到这些缺点才能够不断进步。有时候，我们自己并不能意识到自身的不足，而需要他人帮助我们意识到自己的错误，这就是批评的重要意义所在。因此，批评者应当让对方意识到批评的价值，而非使批评走向误区。

当然，该严批的时候不能模棱两可，因为遇到原则性的问题还做老好人，那就事与愿违了。所以，所谓的批评要有尺度也要就事论事。

有一次，一个孩子放学之后没有去写作业，而是跟几个同学跑去打游戏了，回来后还撒谎说是去同学家看小动物了。

他的爸爸得知事情的真相后，没有直接去找儿子，而是先把妻子叫到跟前，单独与她商量要怎么教育孩子。妻子对孩子的行为也十分恼火，便气呼呼地对丈夫说："你看着办吧，好好管教管教他。"

孩子爸爸说："你要保证，无论我怎么管他，你都不要插手。"妻子点点头。

于是，爸爸把儿子叫到跟前，让他站好，问道："说实话，昨天下午去干什么了？"

儿子不知道爸爸已经知道了真相，还理直气壮地撒谎道：

“去同学家看小动物了！”

爸爸脸往下一沉，平静地对孩子说：“给你一分钟时间，好好想想，想清楚再说。”

这一分钟十分难挨。这个孩子低着头，眼睛却偷偷瞟父母。但是从父母脸上他什么也看不到，这时他有些心虚了。一分钟后，他战战兢兢地说了实话。

“好吧。”爸爸说，“既然你说实话了，就还是个好孩子，但说谎的错误不能一笔勾销，为了让你记住这个教训，罚你这周不许看动画片，不能玩游戏，晚饭后再把昨天的作业写两遍。”

孩子听到对自己的惩罚这么严厉，马上开始噘起嘴耍赖了，说道：“作业我可以做两遍，但是不让我看电视、玩游戏，绝对不行！”

爸爸没有跟他讨价还价，只是问道：“你撒谎对不对？”

“不对。”

“那该不该罚？”

“该罚！”

“该罚就按我刚才说的去做！”

“我偏不！”

看到儿子依旧犟嘴，爸爸怒气冲冲地站起来，瞪着眼睛冲儿子吼道：“现在，你给我出去罚站，什么时候想通了，向我承认了错误再进来。”

这时，儿子可怜巴巴地看着妈妈，希望妈妈能为自己说情，但是发现妈妈没有一点儿要帮自己的意思，只好出去了。

等到儿子出去后，妻子才对丈夫说：“行了，消消气吧！孩子虽然该罚，可也没必要罚那么重啊。我看你也太过分了。”她还是心疼儿子受这么严重的惩罚的。

丈夫却摇摇头，坚定地说道：“说谎不是一般的坏毛病，轻饶他第一次，他就会犯第二次、第三次，以后就会把撒谎不当回事，会酿成大错的，必须让他好好记住。”

经过这一次，孩子再也不敢说谎了。

一定程度的宽容是合乎情理的，但是，如果毫无原则地容忍这种不良行为就不可以。开始，儿子承认了错误，爸爸对其表示了肯定，因为儿子说了实话就代表他知道撒谎不对了，所以爸爸没有生气。但是儿子对惩罚内容讨价还价，说明他没有真正意识到自己的错误，所以爸爸绝不姑息。任何事情都得有一个界限，偶尔的一次小错可以不计较，但出现大问题就不能等闲视之了。该批评时一定要采取行动，千万不能心软。

在现实生活中，我们经常难以找到绝对有效的标准来评判自己和他人的行为。什么是可以接受的，什么是无法容忍的，这两者之间的界限常常模糊不清，而且不同人可能有不同看法。在确立这一准则时，个人的主观判断至关重要，需要准确区分何为可容忍，何为绝对不能容忍。

水满则溢，说话有余地自身有退路

在交际和处理事务时，要考虑周全，不要说出绝对的话语或作出绝对的承诺，以便在未来有需要时可以有所调整或有退路。这也可以理解为在表达观点或回应请求时，要注意拿捏分寸，留有余地，避免过于绝对或武断，从而保留自己的自由选择权和灵活性。

在与他人交往时，我们需要谨慎对待“承诺”这个问题。所谓“言不轻信，人不负我；言不轻许，我不负人。”因为许诺代表着我们的诚信和责任，轻率地许诺可能导致他人对我们的失望和信任的丧失。因此，在作出承诺之前，我们应该深思熟虑，确保自己有能力并且有意愿去兑现这些承诺。只有这样，我们的承诺才具有真正的意义，才能够建立起稳固的人际关系。

当同事或亲友托你办某事时，当上司委托你做某事时，一定不要不假思索地满口应承。要冷静一下，把这件事情在大脑中转一圈，想想这件事情自己能不能办得到、办得好，考虑清楚后再决定要不要许诺。尽量不说“这事没问题，包在我身上了”之类的话，给自己留一点余地，顺口的承诺只是一条会勒紧自己脖子的绳索。

生活中有许多人都拿捏不准承诺的分寸，他们的承诺很轻率，不给自己留下丝毫的余地，结果使许下的诺言不能兑现，从而失去别人对自己的信任，堵死了自己的退路。

某高校一个系主任，向本系的青年教师许诺说，要让他们中三分之二的人评上中级职称。

但是当他向学校申报时却出了问题，学校根本无法给他那么多的名额。他据理力争，跑得腿酸，说得口干，还是不能解决问题。他又不愿意把真实情况告诉系里的教师，每当别人问起来时只对他们说："放心，放心，我既然答应了，一定要做到。"

最后，职称评定情况公布了，许多人大失所望，把他骂得一文不值。甚至有人当面指着他说："主任，我的中级职称呢？你答应的呀！"

这位系主任不光失去了教师对他的信任，连校领导也批评他是"本位主义"，可谓是"猪八戒照镜子，里外不是人"。从此，他既在系里信誉扫地，也让校领导对其失去了好感。

为人处世，应当讲究言而有信，行而有果。因此，承诺不可随意为之，信口开河。明智者事先会充分地估计客观条件，尽可能不做那些没有把握的承诺。须知，有了承诺，就应该努力做到，千万不要乱开"空头支票"，不然不仅伤害了对方，还会毁坏自己的声誉，使你在社会上难有立足之处。

而且，事物总是发展变化的，随着时间的推移、环境的变化，可能你原本可以轻松做到的事情会因为种种变化而有了一定难度。如果你轻易承诺下来，会给自己以后的行动增加困难，对方因为你现在的承诺而导致将来的失望。所以，即使是自己能办的事，也不要轻易承诺，不然一旦遇上某种变故，让本来能办成的事没能办成，这样一来，你在别人眼里就成了一个言而无信的伪君子。

不仅要慎重对待许诺，当遇到超出自身能力范围的请求时，也需要学会拒绝。然而，我们需要明白每个人都有自尊心，很多人向别人求助时往往怀着一颗焦虑不安的心，如果我们直截了当地表示“不行”，可能会伤害对方的自尊心，从而引起别人的强烈反感，认为我们太自私。因此，我们需要以委婉的方式拒绝对方，以保持良好的人际关系。

当他人向你求助时，通常是在走投无路的情况下，心中可能充满无奈和歉意。因此，不要匆忙拒绝对方，而应该尊重对方的请求，认真倾听并表达关心与同情。然后再说明实际情况，解释无法满足请求的原因。通过先表达共鸣之情，对方更容易相信你的诚实和理解你的无奈，从而更能接受你的拒绝。如此，以委婉的方式拒绝对方，可以让对方知难而退。

庄子是战国中期思想家、哲学家、文学家，道家学派代表人物，他崇尚自由，每天逍遥度日，思维通透。有一次，有一个人想让庄子去做官，庄子没有直接拒绝那个人，而是用了一个比喻，他说：“你看太庙里那些被当作供品的牛了吗？它们在还未被宰杀之前，穿着华丽的衣料，享受最好的饲料，确实风光。但是一旦到了太庙，就会成为牺牲品，那个时候再想过自由自在的生活，还可能吗？”虽然庄子没有直接拒绝那个人，但是他用这个贴切的比喻表达了自己的观点，让对方自然而然地放弃了坚持。

拒绝他人的方法有很多种。你可以找一个委婉的借口，或者采取拖延的策略，暂时不做出回应。又或者使用一种模糊的方式，让对方感受到你对他的请求不感兴趣，以达到巧妙的拒绝效果。

总之，要记住“水满则溢，月盈则亏”的道理，无论是承诺别人还是拒绝别人都要有度，讲究说话的方式方法，给自己留下余地，才能给大家留下一个良好的相处状态。

对付讨厌的人，你就得以柔克刚

在生活和工作中，我们常常会遇到一些不受欢迎的人，无论是在言行举止还是工作态度上，他们总是给周围人带来负面影响，这些人就是我们所谓的讨厌的人。

要应对这些讨厌的人，有些人选择采取“躲避”的方式，但这种做法并不有利于我们的工作和学习。比如在工作中遇到讨厌的同事，我们通常不会因此辞职或者换工作来避开他们吧?

事实上，只有在无路可走的绝望情况下才会采取“躲避”的方式来对付讨厌的人。通常情况下，更有效的方法是采取以柔克刚的策略来处理这些事情。当然，在使用这种方法时，关键是要拿捏好与讨厌的人沟通的技巧和分寸。这样的话，不管多么讨厌的人，只要你拿捏得当，用“以柔克刚”的方法去同他沟通和交流，一般会达到既不伤害对方又不失自己体面的效果，从而达到自己的目的。

要想与讨厌的人进行交流，首先要弄清他令人讨厌的地方是什么。在现实生活中，小人最讨厌，与这种人进行沟通最困难。这种人平日里无所事事，传播隐私，捏造事端，唯恐天下不乱。制止他们的行为往往是个很棘手的问题，因为这种人最讨厌，也最难缠，对他们打不得、骂不得，如果打击力度大了，他可能会暗害你。

有一家牛奶公司口碑一直非常好，他们生产的瓶装牛奶是一流水平，是把瓶内空气抽出去再装入牛奶。这种真空瓶装牛奶存放5天都不会出现质量问题，所以很受消费者欢迎。

然而，有一段时间里，一些消费者反映这家公司的牛奶出现了质量问题。公司赶紧派出人员到各地进行市场调查，可是反馈回来的数据证明牛奶质量根本没有问题。原来是一些讨厌的顾客做的：他们把牛奶喝完后，再买来一些劣质牛奶灌到这家公司的牛奶瓶子里，以此来诈骗钱财。

一天，一个30多岁的男人怒气冲冲地闯进牛奶公司的经理办公室，手里拎着一箱该公司生产的牛奶，气呼呼地对经理说："这样的'酸牛奶'能喝吗？岂有此理！我要求你们赔偿我的损失，你们的销售员还不答应。现在我们一起上法庭上去理论吧！"

经理拿过牛奶来仔细观察，并没有发现可疑之处，不禁有些吃惊，但是他很快便镇静下来，一边招呼客人坐下来慢慢说，一边悄悄让秘书把牛奶送到质检部进行检查。不到10分钟的时间，秘书便把质检单拿回来了，上面写着："瓶盖有明显打开的迹象，瓶内牛奶也不是我厂所生产的。"

这位经理一下子就明白了是怎么回事，但是他并没有直接说明问题，而是微笑着对顾客说："请问先生，这'酸牛奶'您喝过没有？肚子里有什么反应吗？要是您已经喝了，咱们还是先上医院检查一下，再上法院吧！"

男人以为自己得逞了，便说道："医院也不用去，只要你给我把这些'酸牛奶'退了，按照市场规定给我赔钱，再给我报销来回车费就可以了。"

看到这人仍然执迷不悟的样子，经理把质检单送到他的手上。男人一看质检单上的结论，知道自己的行为已经暴露了，再闹下去只会是自己吃亏，于是赶紧服软。

经理依旧面带微笑地对他说："不用，不用，你知错就行了！"男人灰溜溜地走出了经理室。

这位经理巧妙地与顾客进行沟通和交流，成功地击退了试图诈骗的顾客，展现出他在处理与讨厌之人沟通时的娴熟技巧。没有这样的纯熟技巧，不但会对接下来的工作造成不利影响，还会给对方留下可乘之机。

在与讨厌之人沟通之前，首先应该弄清他们的几种特征，拿捏住要害部位，以便准确应对。

一是造谣生事型：这种人造谣可不是闹着玩儿的，而是有战略性目的的。

二是挑拨离间型：为了某种目的，他们挑拨人与人之间的感情，制造人与人之间的矛盾，引起事端。然后他们便隔岸观火，坐收渔翁之利。

三是溜须拍马型：这种人很容易得到上司的宠爱，也就有了在上司面前打小报告的机会，更要防范。

四是阳奉阴违型：这种人人前一套人后一套，说话与办事从不相符，表里不一。

五是损人利己型：这种人踩着别人的肩膀前进，把自己的快乐建立在别人的痛苦之上。

六是落井下石型：你一旦摔倒，他就会找块大石头赶快压住你，让你翻不了身。

七是狐假虎威型：这种人倚仗别人的势力，横行霸道，谁得势依附谁，谁失势势必抛弃谁。

八是找替死鬼型：遇上这种人要千万小心，明明该死的是他，偏要让别人为他顶罪。

九是幸灾乐祸型：越是别人遭罪受难他越高兴，毫无同情心。

与讨厌的人沟通，必须讲究方法，方法也得因人而异，就像医生给人看病一样，必须要对症下药。对于丧尽天良的人，最好敬而远之，不要与之多费口舌；对良心未泯的人，最好还是要沟通一下，给对方和自己留一点转圜余地。

对付讨厌的人，我们就需要以柔克刚。坚持灵活机智，善于沟通交流，既能化解矛盾，又能保持自己的原则和尊严，这样才能在处理人际关系中游刃有余，取得良好的结果。

第六章

职场有尺度，晋升才会有高度

职场，是一个讲究规则的地方，就像庖丁解牛一样，只有掌握好方法，才能游刃有余地处理各种复杂情况。在职场上，有尺度的行为举止也是成功晋升的关键。

在工作中，我们需要严格遵守公司的规章制度，遵循职业道德准则，做到言行一致，言行得体。只有做到规矩端正，才能让同事和领导信任。

在职场上，与同事和领导的相处也是一门学问，只有学会尊重他人，理解包容，不轻易妄加评论和指责。善于倾听和沟通，才能够形成良好的工作氛围。

同时，我们还要学会在空闲时间，给自己加油，努力提升自己的专业能力。如此，我们的未来才会前程似锦、一片坦途。

展现自我要有度，别只顾自嗨不自觉

善于表现是在职场中生存的一种必备能力。一个人只有才能而不擅长表现出来是远远不够的。在竞争激烈的职场中，个人的表现直接关系到职业发展和工作成就。

一个员工如果善于表现，不仅可以帮助他人更好地认识你，还能够让你在职场中脱颖而出，赢得更多的机会和尊重。通过展示出自己的优点和长处，以及与他人良好的沟通和协作能力，可以提升自己在职场中的影响力和竞争力。因此，在拥有才华的基础上，善于表现，将帮助你更好地实现个人职业目标并取得成功。

但是在职场中，表现自我也是要拿捏有度的。过度追求炫耀和自我享乐，往往会让人丧失理智和分寸。要有度地表现自我，意味着在展现个性和特点的同时，也要掌握尺度，注意他人的感受和社会的规范。不应该只顾自嗨，还要有意识地思考自己的行为对周围环境和他人的影响。这个时候，就需要我们保持自觉，不断审视自己的行为。这既包括展现自己的实力和能力，又需要避免给人自负或傲慢的印象。

因此，如何在职场中正确地表现自我，获得同事和上司的认可，是每个职场人士都需要认真思考和努力学习的问题。

首先，积极展现自己的实力和能力是职场中表现自我的关键。通过专业的工作态度、高效的工作能力和优异的工作成绩，我们可以赢得同事和上司的尊重和认可。在团队合作中，勇于担当，主动承担责任，展现出自己的领导才能和团队精神也是非常重要的。

在展现自我时，需要避免过分张扬和自负。适度的自信是好的，但傲慢和自负会让人产生反感。在与同事交流和合作时，要保持谦逊和礼貌，倾听他人意见，尊重他人贡献，展现出良好的团队合作精神。同时，在取得工作成绩时，也要学会低调处理，不要过分渲染个人的功劳和成就。

其次，表现自我要拿捏有度，还有一个重要方面就是有效的沟通。在与同事和上司的交流中，要善于表达自己的观点和想法，但也要注重语气和方式，避免过于直接或冲突。在表达意见时，可以使用委婉的措辞，尊重他人的立场，多听少说，以获得更好的沟通效果和工作合作。

要在职场中展现出良好的职业素养和团队合作精神。尊重公司规章制度，遵守工作纪律，尽职尽责，对待工作认真负责，对待同事友善亲和，这些都是表现自我的重要方面。同时要善于学习和进步，不断提升自己的专业能力和综合素质，以更好地适应职场的挑战和变化。

总之，职场中表现自我要拿捏有度，既要展现出自信和实力，又要避免自负和傲慢。通过良好的工作表现、谦逊的态度、有效的沟通和团队合作精神，我们可以更好地在职场中展现自我，赢得同事和上司的认可和尊重，实现个人职业发展的目标。

在一家跨国公司里，有一位叫杜倩的年轻职员，她是一个充满活力和抱负的员工。从进入公司的第一天起，杜倩就展现出一种异常出色的工作能力，她总是能够在项目中展现一种出色的领导才能，带领团队取得出色的成绩。因此，她很快就得到了上司和同事的认可和赞赏。

然而，随着时间的推移，杜倩开始意识到在职场中表现自我需要拿捏有度的重要性。一次，她在一个重要会议上与同事发生了分歧，她坚持自己的观点，并试图以强势的方式说服他人。但是结果却并不如她所愿。会议陷入僵局，气氛变得尴尬，同事们也开始对她的态度产生了怀疑和不满。

这次经历让杜倩意识到，在职场中表现自我时需要更加谨慎和灵活。要注意倾听他人的意见，尊重他人的观点，学会与他人平等沟通，注重团队合作，而不是一味坚持自己的观点。

其次，杜倩意识到在表现自我时需要适度保持低调。尽管她在工作中取得了优异的成绩，但她开始学会适度隐藏个人成就，而更多地关注团队整体的表现。

此外，在与同事交流时更加注重谦逊和友善。无论是工作中的合作还是日常的交流，始终保持真诚、礼貌的态度，学会倾听和尊重他人，尊重他人的立场和感受。她懂得良好的人际关系是职场成功的重要因素，因此努力维护和发展与同事之间的良好关系。

最后，杜倩不断提升自己的专业能力和综合素质。她主动参加公司组织的培训和学习活动，不断学习新知识、提升技能。通过持续地学习和进步，她在职场中展现出了更多的价值，并赢得了更多人的认可和信任。

在经历了一段时间的努力和调整后，杜倩逐渐掌握了在职场中表现自我要拿捏有度的技巧。她不仅在工作中取得了更大的成功，也赢得了更多同事和上司的尊重和赞赏。这则故事充分展示了在职场中表现自我要拿捏有度的重要性和实践方法，为其他职场新人树立了一个良好的榜样。

一秒决定成败，职场机会把握到位

在职场中，机会的价值常常在于把握的时机和方式。一时冲动或盲目行动往往会导致失误，甚至错失良机。因此，我们在抓住机会的同时，还要谨记“尺度”，即把握好时机、方法和态度的尺度，保持冷静和清醒的头脑，谨慎评估形势和选择合适的行动方案。

决定成败的一秒，并非只在于瞬间的选择，更在于平日的积累和准备。在职场中，我们需要不断学习、积累经验、培养人脉，以便在关键时刻能够迅速作出明智的决策，并且付诸行动。

人与人的交往并不是一个简单的问题。相对来说，职场中的上级与下级相处就很难掌握。要使上下级的关系达到正常、融洽，就需要我们认真地对待和把握好与上司相处的方法。

最聪明的下属应该是既会得体周旋，又不失人格尊严。太柔则易被欺，太刚则容易被“炒”，游刃有余、进退有度才是正好的“火候”。

在上司面前，有些人总感觉胆怯、手足无措，生怕一不小心说错了话、办错了事从而遭到上司的批评、指责。也有些人总是在领导面前说好听的话，似乎包含有“巴结”的意味。其实这些都没必要，只要摆正了自己的心态，尽量做好自己的本职工作，不同的意见是允许有的。

上司、下属都是人，是人就会犯错误，而上司的做法明显不对，这时，下属就要避免直接与上司发生冲撞，这样就有了缓冲，能实现最终的“软着陆”，既不至于伤害对方的感情，又能使自己不改变主张。等时机成熟的时候再委婉、含蓄地加以指出领导的错误，才能使其认真地接受，甚至心服口服，又不至于太尴尬。

总的来说，上下级的相处是不容易，但只要我们善于观察，善于总结就一定会找出与上司相处的更好方法。不管用什么方法，我们最终的目的就是与上司搞好关系，多加沟通与理解，使彼此形成一种融洽、信任的氛围。这样不但有助于自己的事业发展，而且更有利于形成一种团队精神。

如果作为一个下属，处处同上司诡辩，有事没事去找上司的碴，那样，当然会对自己的工作很不利。所以说，作为下属对上司的意见一定要重视，并且要处理得当。

一家公司对人才筛选极为严格，一个刚刚毕业的大学生关亚鹏亲身经历了这家公司的考试后，才体会到此话果然不虚。

那是一个晴朗的上午，关亚鹏坐在小型会议室里等待面试。第一位进来的是营销策划部经理。这位经理问了他几个关于市场拓展方面的问题。他根据课本上学来的知识对答如流。

第二位进来的是生产部经理。他问了关亚鹏几个关于控制产品不良率的问题。关亚鹏还是回答得很成功。美国人的考试也不过如此，关亚鹏正暗自得意之时，进来了第三个人。

“你好，我是财务部经理，在你成为本公司雇员之前，我想了解一下你对薪酬的要求。”

“我没有任何要求。”关亚鹏回答。

这位经理摊了摊手，说：“很遗憾，看来你没有诚意成为本公司的雇员。”

听了这话，关亚鹏一下子蒙了：“按照别人的经验，只要回答‘没有’或者是‘按公司标准’就可以了，这怎么能代表我没有诚意呢？”

“你不对公司提出薪资要求，那公司怎么对你提工作要求？我们需要的是精英而不是能力一般、业绩平平混日子的雇工，不敢提薪资要求的应聘者大多是能力平平的。”财务经理站起来准备离去。

“等等，经理先生，我要求月薪25000元以上。”关亚鹏鼓足了勇气说。

“那好，你还有一次机会。”经理说完转身出去了。

关亚鹏擦了擦额头上的汗，努力使自己镇定下来，以便调整好状态迎接最后一轮面试。

最后一位主考官是一位外国籍的副总经理。他坐在关亚鹏的对面后掏出手机打电话。那位副总经理竟然讲一口流利的汉语。这位副总经理却没有提出面试，而是一边打电话，一边示意关亚鹏，说道：“请把文件筐里的红色文件夹拿给我，我需要一个数据告诉客户。”

关亚鹏站起身来走向文件筐，拿出一本红色文件夹递给那位副总经理。副总经理看都没看就放在桌子上，然后说：“考试结束了，你可以走了，很遗憾。”

关亚鹏一头雾水，问道：“请问，您什么也没问，怎么就结束了呢？”

副总经理说道：“刚才我让你取文件夹的过程就是考试，但是你没有通过。”

“可是我不明白我错在哪里。”

“你犯了三个错误，第一，文件筐里共有7个红色文件夹，上面有编号，你没有问我需要几号文件夹，而是随便拿来一个；第二，对方在急切地等待我的数据，而且长时间占用网络需要缴费，你应该跑向文件筐以节省时间；第三，在你拿到文件夹的同时，应该问清楚我需要哪些数据，然后翻开找到它们再递给我。我的解释你满意吗？”副总经理看着关亚鹏说。

“对不起，我忽略了这点，不过请您重新考虑一下，我具备一定的管理才能，尤其是在拓展市场方面，我是最好的人选。”关亚鹏抱着最后一线希望说。

“可你的行为已经证明你不是最好的人选，我们需要的是各方面素质都过硬的人才，现在市场上人才齐齐（济济），我们一定会找到合适的人才。很遗憾。”副总下了逐客令。

没戏了。关亚鹏一方面为自己的反应慢而沮丧，另一方面为美国管理者使用这样的考试而气愤，在走向会议室门口时，他回头问：“副总，我能向您提个问题吗？”

“当然可以。”副总说。

“人才‘齐齐’是什么意思？”

“当然是人才很多的意思。”

“您的意思对，不过我提醒您不要乱用词汇，最好能搞清楚。”说过后，关亚鹏便离开了。

意想不到的是，第二天关亚鹏竟接到了副总打来的电话，他说：“能够坦率地指出别人的错误是一个很难得的优点，如果你愿意的话，可以到公司来工作，不过要试用三个月才能决定是否留下你。”

关亚鹏去了这家公司，三个月后成为一名正式雇员。

试想一下：假如关亚鹏没有抓住时机，在临走时不说那句话，就不会进入这家公司了；假如他毫无理由，以破罐破摔的想法去向那位副总狡辩，后果不言而喻。

其实作为下属，不要因为上司的批评而感到烦恼，应该抱着“有则改之，无则加勉”的态度来对待。然后要静下心来去想想，自己究竟错在哪里，为什么受上司的批评，这样不仅能使自己改正错误和缺点，而且还能从另一方面理解上司的意图，使自己以后的工作更加顺利地开展。

工作不是恋爱，别让职场变成“暧昧地带”

在现代社会，随着女性地位的提高，越来越多的女性开始进入职场。这一趋势不仅展现了社会的进步，也令职场更具包容性。

女性在职场上的参与，丰富了团队的多样性，为企业带来了更广泛的视角和创意。同时，这也提醒我们要重视性别平等，创造一个公平的职场环境，让每个人都能有机会发挥自己的潜力，实现个人职业发展的目标。

但是随着女性在职场上的参与，男女同事之间相互接触和合作也成了常态。正所谓“男女搭配，干活不累”，他们在日复一日的工作交往中，难免会出现“暧昧关系”。这种暧昧关系可能会对工作效率和团队合作造成负面影响，同时也可能对个人的感情生活带来不利影响。

在职场中，确实容易因为一些细微的举动或言语而产生误解。例如一些善意的行为可能被误解为表达好感。曾经有一个女生看到对面的男同事没有吃早餐，而自己的早餐有些多，便将一盒牛奶给了男同事。其实，这个女生只是善意关心了一下，却被男同事认为这个女生对自己有好感。在此后的工作中，女生礼貌性地朝他微笑一下都被解读成了女生对自己暗送秋波。在这个女生宣布婚讯的时候，男同事甚至当着其他员工的面质问女生为什么脚踏两条船，弄得女生莫名其妙。

为了避免这种尴尬的情况，我们需要时刻保持清醒的头脑，明确自己的立场和态度。在合作过程中，以工作为重，拿捏好距离，避免过分个人化的交流和行为，可以事先明确表达自己的友好意图，并强调只是出于礼貌或帮助的目的，避免产生误会或引起他人的猜测。

此外，如果确实出现了暧昧关系，应及时进行沟通和澄清，以维护良好的工作环境和团队氛围。

通过以上方法，可以更好地维护职场关系的纯粹和美好，建立健康、尊重和专业的工作关系，这有助于提高工作效率，促进团队合作，并确保个人的职业和感情生活能够和谐发展。

在大型集团公司里，为了完成一个项目，通常需要不同部门协调合作，临时组成新的项目组，在项目结束后解散，员工依旧回到自己曾经的岗位去工作。

王先生和李女士是一对经常协作的同事。起初，他们都十分理智，清楚地知道在职场中保持适当的距离是职业道德和职业素质的体现。所以，他们只是一同开会，讨论工作上的事项，绝不在工作以外的时间碰面。

但是一次偶然的机会，让王先生和李女士的交流突破了这样的和谐。那时，公司有一项重要的产品发布工作需要协作完成，他们两个是临时项目组的核心管理人员。由于事出紧急，王先生和李女士在工作以外的交流时间也逐渐增多起来。

有时候两个人一起加班，不可避免地开始一起点夜宵，在吃夜宵的时候，两个人的聊天内容也不仅限于工作内容，还包括一些私人话题了。这天又需要一起加班，王先生却对李女士说："天天吃速食不健康，楼下有家味道不错的餐厅，营业时间也比较晚，咱们去那里吃吧。”

吃腻了披萨和汉堡的李女士没有多想，随口便答应了下来。这家餐厅档次比较高端，在外人看来在这里吃饭显然是在约会，但是李女士却没有注意到这一点，还和王先生聊得很开心，两个人的关系又亲密了一些。

项目还没有结束，王先生和李女士这种亲密的行为便引起了其他同事的注意，有些人开始对他们的关系感到好奇和揣测。公司管理层也意识到了这种情况，开始担心王先生和李女士之间的关系会引起不必要的麻烦，影响项目的正常运转。

这天恰逢李女士生日，人事部负责人在临时项目组开完会的时候为李女士送上了生日蛋糕，王先生则以项目组的名义为李女士送上了一束价格昂贵的玫瑰花。

在大家分蛋糕的时候，人事部负责人悄悄告诉李女士：王先生送的鲜花是他自费购买的，与项目组无关，而且王先生是已婚人士。

李女士立刻意识到了问题的严重性：王先生有追求自己的嫌疑。她也思索最近确实没有很好地约束自己的行为，可能让王先生和其他同事产生了误会。李女士脑子一转，有了应对的法子，她对项目组的同事说：“这么漂亮的花我怎么能够独享呢？既然是大家送我的，那我也就‘借花献佛’，把它分给大家吧！”说着便拆了鲜花的包装，分给每人一枝，包括送花的王先生。

从此，李女士开始有意避免与王先生的私下接触，重新规划了交往方式，确保边界的清晰。

面对李女士的突然疏远，王先生还是忍不住问道：“小李，我一直觉得我们两个人在工作上的配合很好，但是为什么我们始终保持着这样的距离呢？”

李女士微微一愣，片刻之后，她微笑着说：“和您一起工作我感到十分荣幸，也从中学到很多东西，所以我希望，我们能够一直保持这种友好、和谐的工作关系。”

王先生立刻明白了李女士的意思，说道：“你说得对。”

从那天开始，王先生和李女士的合作变得越来越出色。他们通过相互的支持和指导，共同处理了许多重要的项目。

通过这个案例，我们可以看到，在职场中，男女之间的搭配是为了更好地完成工作，但也需要明确自己的职业底线和注意职场操守。男女之间的亲密关系容易引发不必要的猜疑和误解，可能给自己和他人带来麻烦。因此，无论多好的合作关系，都应该保持适当的距离，不给别人留下不好的印象。

为了在职场中获得成功，我们应该注重专业能力和职业道德的培养。只有不断学习和提升自己的能力，才能在激烈的竞争中脱颖而出。同时，在人际交往中我们要坚守原则，避免与异性产生过于亲密的关系。保持适度的距离可以让我们更专注于工作，更有利于事业的发展。

千万别硬撑，能力不足时要敢于说“不”

在职场中，学会果断地拒绝是非常重要的。无论是面对额外的工作任务、不切实际的时间表安排还是与个人价值观不符的要求，果断地说“不”可以帮助我们维护自己的时间、精力和专业声誉。学会量力而为，当能力不足时要敢于说“不”，并且合适地设置尺度，这是保持工作效率和个人健康的关键。

在工作中，我们经常会面临各种各样的请求和任务。有时候，我们可能会感到压力重重，面对无法完成的任务或超出能力范围的要求时，千万不要硬撑着，勇于说“不”是非常必要的。

果断地拒绝可以帮助我们保持对于自己本职工作的专注。我们都知道，职场上常常会有各种各样的任务和项目需要处理。如果我们接受了过多的额外任务，就会分散注意力，影响正常工作的完成。因此，当我们认为无法承担更多工作时，果断地拒绝可以让我们将精力集中在当前的工作上，确保工作质量和效率。

而且，果断地拒绝可以保护个人时间和生活。在现代社会，工作和生活之间的平衡变得越来越重要。拒绝不合理的加班请求或者不必要的工作安排，可以让我们有更多的时间用于家庭、爱好和个人发展。这样可以提高生活质量，减轻工作压力，从而更好地投入到工作中。

最重要的是，果断地拒绝可以彰显个人的价值观和原则。在职场中，我们应该坚守自己的底线和原则，不接受与自己的价值观相违背的要求。果断地拒绝可以让我们在同事和上级面前保持自己的专业形象，树立自己的权威和信念。

然而，在拒绝他人时，我们也要学会委婉的表达方式，尊重他人的感受和期望。可以通过诚恳的沟通，解释拒绝的原因，并提出替代方案或建议，以减轻对方的失望和不快。

总之，职场上要学会果断地拒绝，这不仅有助于保持工作效率和生活平衡，也是维护个人价值观和原则的重要方式。通过适当的拒绝，我们可以更好地管理自己的职业发展和人际关系，实现工作与生活的和谐统一。

李丹是某公司的行政专员，刚刚入职不久，总经理就给她安排了一项制作公司宣传册的重要任务。

总经理对李丹说："公司没有策划部，你去找广告公司帮做就好。这件事很紧急，五天内一定要做出来。"说完什么资料也没有给她就离开了。

李丹犯了难，因为从实际操作的角度看，一本宣传册从无到有，五天是不可能完成的。

首先，制作宣传册，李丹前期需要从公司的图库或者网上挑选适合用于宣传册的图片，如果遇到不认识的产品，还需要花费很多时间进行辨认和了解。

其次，宣传册还需要编辑文案，对于不熟悉公司和行业情形的人而言，这简直就是一场噩梦。因为它不像流水线工作那样有一套相对完善的工作流程。很多时候，李丹对着电脑绞尽脑汁想半天，也憋不出几个字来。

最后，寻找广告公司进行排版也并非易事。设计类的收费是没有明确标准的，很多时候只能通过对方类似案例进行参考。对于没有经验的人而言，很难区分“好”与“不好”，因为对方通常只会询问提供图片、文案和可能的框架。

而且，除了总经理安排的这项任务，李丹还需要做其他工作。要知道，行政专员的工作本身就比较烦琐，有时候忙起来一整天都没有空余时间。

为了按时完成总经理安排的任务，李丹每天加班加点，甚至还牺牲了周末的时间。然而，无论李丹如何竭尽全力，一周后她都没有把宣传册制作出来。

与李丹遭遇一样困境的还有徐慧。她在一家医药公司上班，收入不错，五险一金。徐慧在工作上游刃有余，但在人际交往方面却表现得很被动。领导总是要求她在休息时间加班，有时还会让她帮忙接小孩或者买东西。为了表现得懂事，徐慧从不拒绝，总是尽力满足领导的要求。

可问题是做了这么多，徐慧不仅没有得到领导的赏识，反而成了“背锅侠”。一次开会时，领导在所有员工面前批评了徐慧。明明不是她一个人的责任，领导却单单批评她，这让徐慧感到十分尴尬和难堪。

徐慧很生气，她想过辞职，但她既舍不得现有的工作，又担心换了新工作再次遇到“欺负人”的领导。在这种情况下，她去找了职场指导师寻求帮助。

职场指导师告诉徐慧，其实她遇到的问题不是领导喜欢“欺负人”，而是她没有坚持自己的正当权利，没有表露自己的真实想法和感受。

其实，面对领导提出的无理要求时，既不需要不战而逃，也不需要破口大骂，更不需要有多么严密的逻辑思维能力，只需要运用一些简单的小技巧，心平气和地表达自己的诉求，就能轻松地掌控整个局面。

在职场指导师的帮助下，徐慧逐渐改变了被动的局面。有一次，领导又要求徐慧在周末帮忙接小孩。徐慧当然不愿意牺牲自己的休息时间，于是她立即回答说：“哎呀！实在对不起，周末我爷爷过生日，我出不来！”

领导没有料到徐慧会拒绝，以为自己听错了，于是又重复了一遍自己的要求，并强调自己周末有应酬，一定要徐慧帮忙接送孩子。

“太遗憾了，可是我真的去不了。”徐慧依然坚决地摇摇头说，“我能理解你的情况，但不好意思我确实去不了。我爷爷过生日，我一定要在场。”

徐慧的坚持最终让领导感受到了她的决心，但是因为徐慧始终没有过激的言辞，并且理由也很充分，领导也只能尊重徐慧的意愿。

当然，对于领导的无理要求，徐慧并不是一味地拒绝。有时候，她也会采取折中的方法来应对。一个周五，领导找到徐慧，希望她周六能加班。在这种情况下，如果徐慧坚决拒绝，可能会造成不好的后果。

因此，徐慧采取了折中的办法。她表示可以加班，但是在处理完客户的工作后，她希望能提前离开，因为她要参加一个提升职业技能的课程学习。这样的回答既满足了领导的要求，也不至于让自己感到委屈。

在职场中，拒绝并不是一件容易的事情，但适时、适当的拒绝可以帮助我们更好地管理工作和提升效率。通过果断地说“不”，我们可以保持自身的职业底线和原则，确保工作质量和生活平衡，同时也展现了自己的专业素养和责任心。在面对各种挑战和压力时，学会果断拒绝是每个职场人士必备的重要技能之一。

坏情绪别作怪，职场心态正能量

在职场中，坏情绪有时就像调皮的小精灵，总是在不经意间作怪，让人难以捉摸。这个时候，就需要我们学会控制自己的情绪，保持一个平和的心态，才能让工作更顺利、更愉快。正能量是职场中最强大的武器，它可以驱散负能量，让团队更加和谐，让工作更加高效。当坏情绪来袭时，我们要学会冷静处理，拿捏好自己的情绪，不要让它左右自己的行为和决策。

在社会竞争激烈的职场中，成功已经不仅仅取决于专业知识和技能，情绪管理也是至关重要的一环。在职场中，我们面临各种挑战和压力，这些因素可能会触发我们的负面情绪，影响我们的工作效率和人际关系。因此，学会管理好自己的情绪，对于提升工作表现和保持健康的职业生涯至关重要。

情绪管理意味着要有意识地认识自己的情绪状态，包括何时何事容易引发何种不同的情绪反应。只有当我们认识到自己的情绪问题，才能有针对性地进行管理，进而拿捏住这些问题。

自我调节是情绪管理的关键。我们可以通过深呼吸、暂时离开现场、寻找释放情绪方式等来及时调整自己的情绪状态，避免坏情绪来捣蛋，从而影响工作效率和人际关系。

在这个过程中，保持积极的心态也非常重要。积极的心态可以帮助我们稳定情绪，增强自我调节能力，并且有助于我们从困难中寻找成长和机会。

此外，有效的沟通也是情绪管理的重要组成部分。通过有效的沟通，我们可以表达自己的情绪和需求，同时理解他人的情绪和立场，这有助于化解冲突，减少负面情绪的产生。

除此之外，我们还需要避免在情绪波动较大时作出重要决策。情绪化决策往往是错误的决策，因此我们需要寻求他人意见或者延迟决策的时间，等情绪稳定后再作判断。如果情绪无法自我调节，可以找理解你的朋友和同事倾诉，或者寻求心理咨询师的专业支持。与他人分享情绪问题，有助于减轻压力和获得更多理解。

最后，身心健康的维护也是情绪管理的重要一环。良好的作息习惯、均衡饮食、适量运动等有助于减少负面情绪的产生，从而提升我们在职场中的表现和幸福感。

综上所述，情绪管理是我们在职场中必备的重要技能。通过情绪意识、自我调节、积极心态、有效沟通、避免情绪化决策、寻求支持和维护身心健康等方法，我们可以有效地管理好自己的情绪，提升工作表现，并促进团队的协作与和谐发展。

庞飞是牙刷制造公司的一名小职员。一天早上，庞飞起床后，在匆匆忙忙地刷牙时，一不小心把牙龈刷出血来。庞飞不由得火冒三丈，因为他的牙龈不止一次被刷出血，并且使用的是自己公司生产的牙刷。

庞飞带着一肚子的不满和牢骚冲出家门。怒气冲冲的他准备直接奔向技术部门，质问那些人平时都在干些什么，连这样的技术问题都解决不了。

走进公司大门后，庞飞的脚步渐渐慢下来。因为他突然想起了一句话："当你遇有不满情绪时，你需要忍耐。发怒能够解决问题吗？既然不能解决问题，那你发怒干什么？"他告诉自己要冷静下来。

于是，庞飞改变了初衷，不再去技术部门发泄情绪。相反，他开始与同事一起琢磨解决问题。他们提出了各种方案，包括改变刷毛的质地、改造牙刷的造型、重新设计毛的排列等，并进行了一系列的测试和论证。

在试验中，庞飞在放大镜下发现了之前一直被忽略的一个细节，即牙刷毛的顶端由于机器切割，都呈锐利的棱角。"如果通过一道工序，把棱角改成球形，那么问题就完全解决了！"他的这一想法立即得到了同事的赞同。

经过多次实验后，庞飞和同事们正式向公司提出了这一改进方案。公司欣然接受了这一建议，并迅速投入资金，把牙刷毛的顶端改造成了球形。

改进后的产品迅速受到消费者的欢迎。作为这次改进的提出者，庞飞获得了公司的高度认可和嘉奖。他从一名普通职员迅速晋升为主管，后来更是做到了公司总经理的职位。

在工作中，我们总会遇到一些不如意的事情，这时很容易产生不满和怒气。但是，我们必须学会拿捏住自己的情绪，让自己冷静下来，将怒气转化为解决问题的动力。

相反，如果任由怒气发泄出来，不仅无法解决问题，反而会使结果更加糟糕，甚至加剧矛盾。因此，我们需要学会冷静思考，理智处理工作中的问题，不要让情绪影响我们的判断和行动。

退避三舍，职场之上的大智慧

在现代职场中，人际关系错综复杂，矛盾冲突时常发生。作为职场人士，学会“退避三舍”是至关重要的。这并不意味着软弱或放弃立场，而是一种明智的处世之道。

“退避三舍”需要具备一颗宽容的心。在职场当中，人与人之间的差异和矛盾是不可避免的，我们需要学会包容和理解他人的立场和观点。当遇到矛盾的时候，首先应该保持冷静，不要轻易动怒或争吵，以平和的心态去看待问题。

同时，“退避三舍”需要具备灵活的思维。在职场中，固执己见往往难以解决问题，而灵活的思维方式更有助于化解矛盾。我们需要学会妥协和适当的退让，以求得双方都能接受的解决方案，从而维护良好的人际关系。

“退避三舍”还需要具备高超的沟通技巧。在处理矛盾时，善于沟通可以化解很多矛盾。通过倾听他人的需求和诉求，表达自己的想法和意见，寻求双方都能接受的共同点，有助于化解矛盾，避免矛盾进一步升级。

学会“退避三舍”是每个职场人士都应该具备的一项重要技能。这需要我们具备宽容、灵活和善于沟通的品质，以更好地处理职场中的矛盾与挑战。只有懂得退让和回避，我们才能更好地化解矛盾，维护良好的人际关系，实现个人和团队的成功。

李莉是一位自尊心很强的女孩，工作以后很不幸的是，她跟几位“没教养”的人做了同事。这些人举止随便，嘻嘻哈哈，李莉很看不惯他们。

一次，外面正下着雨，一位女同事想出去办点事，拎起李莉的雨伞就走。李莉心想：怎么招呼也不打就拿人家的东西，太欺负人了！简直没教养！她勉强忍住气说：“你好像拿错了伞吧？”

女同事大大咧咧地回答：“我忘了带伞，只好借你的用一下。”

“你好像没跟我说借呀！”李莉说道。

“哎哟！还用得着说‘借’吗？我的东西还不是谁爱用谁用？”

李莉说道：“用我的东西就得说借，我不同意，谁也不准拿！”

没想到这件小事使李莉的处境发生了很大改变，那几位同事再也不愿意搭理她，不知情的领导经常提醒她注意搞好同事关系，根本不听她解释。李莉愤愤不平地想：我只是为了维护自己的权利，难道这也错了吗?

李莉回到家，把公司里与同事发生纠纷的事告诉了父亲，父亲严厉地批评了她：“你错了，你同事的做法按常规来讲的确有些不礼貌，但是难道你感觉不到她已经真正地从心里接受了你这个同事，更进一步讲把你当成了自家人了吗？所以你要好好想一想，想好了去和人家道个歉，争取将来还能好好相处。”

李莉听了父亲的话，经过认真反思，的确认识到自己的做法有些过分。于是，她决定要和那位同事交流一下。

第二天，李莉一上班就找到那位同事说："那天是我不好，伤害了你，请你原谅我吧！"

那位同事回答道："是我不好！我没有礼貌，还是请你原谅我吧！"说完，两人相视一笑。一切矛盾都在笑声中化解了。

与同事相处，贵在宽容。当他需要你的意见时，你不要使劲给他戴高帽，发出无意义的称赞；当他遇到任何工作上的疑难时，你要尽心尽力施以援手，而不是冷眼旁观，甚至落井下石；当他无意中冒犯了你又忘记跟你说声对不起时，你要原谅他。

理性对待，来自职场上的流言蜚语

在竞争激烈的现代职场中，搬弄是非、挑拨离间是一种不道德且极具破坏性的行为。它不仅会导致团队内部的矛盾和分裂，也会损害个人的声誉和职业发展。因此，对待搬弄是非、挑拨离间的那些流言蜚语，我们必须保持理性和冷静的态度，以避免被卷入其中。

如果是自己被谣言击中，这时一定要保持清醒，理性对待。这也就意味着我们要客观分析事实，要谨慎分析挑拨离间者的动机和目的。了解对方背后的动机可以帮助我们更好地拿捏住他们的行为动机，并采取相应的措施应对，而不是情绪化地参与其中。

当听到关于同事或团队成员的负面传言时，我们应该首先进行核实，了解事件的真相。理性的态度可以帮助我们更好地判断信息的真实性，避免被误导或者被误解。

理性对待搬弄是非这件事情也需要我们保持冷静和沉着。即使面对恶意的谣言或攻击，也应该以平和的心态来处理，避免过度反应或做出激烈的回应。通过保持冷静，可以更好地保护自己的形象，避免被他人利用或牵连，也可以让我们更好地思考应对策略。

总之，职场中理性对待流言蜚语是至关重要的。通过保持理性、冷静和主动化解矛盾，我们可以保护团队的和谐氛围，提升自己的职业形象，并有效避免被卷入不必要的纷争中。这种理性的态度不仅有助于个人的职场发展，也能够促进整个团队的稳定和发展，实现共赢局面。

刘勇大学毕业后去一家机关报社工作，他想着一辈子就这样不挪窝挺好的。随着毕业季的到来，安静的办公室里多了几个来实习的大学生，其中，有个叫林可的女孩跟着刘勇学习新闻采访及编辑工作。林可长得眉清目秀的，嘴巴又乖巧伶俐，单纯的刘勇一下子就和她成了好朋友。

既然成了朋友，热情的刘勇当然把自己学到的实践知识倾囊相授，甚至有时候在自己写的文章后面也带上林可的名字。林可更是哥哥长、哥哥短地叫着刘勇，刘勇为能有这样一个好同事而高兴。

有一天，林可对刘勇说，自己家里没什么背景，她不愿意分回家乡那个偏僻的小镇上去，她说："刘勇哥哥，我一直想有个哥哥，你就像亲哥哥一样一直对我这么好，如果我能留在这个单位里，我一定一辈子把你当哥哥。"

刘勇是个耳根子软的人，见林可说得这么难过又这么真诚，当即表示说："我帮你想想办法，看单位能不能留下来一个实习生。"

这以后，刘勇就把自己所负责版面的重头稿件全都交给林可去写，写得不好就帮她修改、润色。

刘勇是个很有才华的记者，文字功底非常深厚，他写的稿子经常被评为优秀，在他的帮助下，林可进步非常快。实习结束后，林可终于幸运地留在了这个单位。

林可很快适应了工作，并且充分利用她在社交上的才能，与所有的领导都处理好了关系。

没过多久，机关报社预备削减一位采编人员的消息开始在内部流传。刘勇一点儿也不在意，因为他的业务能力在报社是有目共睹的。他倒是有点儿替林可担心，因为她资历浅，且文字功底单薄。

有一次，刘勇去报社的机房上网，不知道是谁浏览黄色网页忘记关掉，他就随手将之关闭了，这个时候林可正好推门而入。

不久，有关刘勇上班的时候浏览黄色网页的谣言就像一张看不见的网一样在单位撒开了，每个人看刘勇的眼神都开始变得古怪。在这样一个传播精神文明的领域里，一个编辑看内容不健康的东西，那他一定是个思想有问题的人。刘勇被扣上了这个大帽子。后来，有同事悄悄告诉他，是林可散布了他偷看黄色网页的事情。

这个突如其来的事件使刘勇陷入困境和苦恼之中，他反复思考了这件事的来龙去脉，并从自身出发寻找原因和解决办法，避免将心中怨气转移到林可身上。他在被离职和为自己争取之间，选择了后者，决定无论如何都应该亲自去说明真相，而不是为了所谓的“面子”消极逃避，本末倒置。

于是，刘勇敲开了领导的门，郑重并平静地对领导述说了当时的情况，并表示出自己对该工作的热爱和林可并不知情的细节。他表示这件事虽然难以做到向所有人解释说明，可理应和领导汇报真实的情况，而领导最后的决策并不是自己能控制的，但至少自己尽力去做了。临出门前，刘勇毕恭毕敬地递上了辞呈，然后轻松地推门而去。

几天之后，领导在会议中提及此事，同时表扬了刘勇新一期的稿件。领导一边对刘勇赞赏有加，一边号召同志们不要在工作单位传播流言蜚语，希望大家能不断产出高质量的工作内容，并互相学习和帮助，共同打造一个有凝聚力的团队。

在工作单位遇到这样被冤枉的情况，我们最重要的是保持自己的原则和清白，同时寻求适当的方式来澄清事实，避免误会持续扩大。在团队中建立良好的沟通氛围和相互信任也是避免类似问题发生的有效途径。

在职场中，尤其是在人员众多、信息复杂的办公环境中，遇到喜欢搬弄是非、散播流言的人是很常见的情况，我们需要牢记“害人之心不可有，防人之心不可无”。如果你想保持耳根清净、心情舒畅，那就需要懂得如何谨言慎行。要根据不同场合和对方的身边情况来决定自己的表达方式。学会妥善处理个人隐私，可以使他人无从挑剔，进而减少流言蜚语的发生。这样一来，职场中的小道消息也就会自然而然地减少甚至消失。

职场会站队，远离“猪”队友

在职场中，选择站队是一门需要谨慎思考和学习的学问。在激烈的竞争环境中，每个人都渴望成功并实现自己的职业目标。然而，有时为了追求更高的成功，我们可能会冒一些风险，而这些风险有时可能导致损失。

在这种情况下，以保本为目标的站队就显得尤为重要，正如俗话所说，“不怕神一样的对手，就怕猪一样的队友”。好的队友和合作伙伴，能够帮助我们避免一些不必要的风险和损失，让前行之路更加通畅顺利。

保本则意味着在职场中稳健发展，保持独立的思考能力。理性分析每个派系的实力和可能结果，以自己的长远利益为出发点作出选择。通常，站在权力最大的一方往往可以带来更多的资源和决策权，但是切记，一定要避免盲目跟风和冒险行为。只有确保自己不受损失，才能稳步前行。

在一个单位中，如果几个派系的实力相当，一个值得考虑的因素是谁拥有更多的核心资源。通常，业务部门和财务部门等核心资源由企业高层控制，与这些部门站在一起可能更有利于个人发展。

对年轻人来说，成长比成功更重要。选择一个能够提供成长机会的队伍，与有志向的同事共同努力，共同成长，最终实现更大的成功。在职场中选择站队时，要根据自身实力和位置谨慎选择，避免与年龄相近的领导站在一起可能带来的负面影响，找到最适合自己的队伍，努力成长并取得成功。

在职场中作出站队选择前，要考虑最坏情况下的后果，并制定好应对策略；同时，分析各个派系的胜算，选择与胜算较大的一方站在一起，以增加成功的可能性。只有权衡利弊、谨慎选择，才能在竞争激烈的职场中立于不败之地，实现自己的职业目标。

在职场中作出站队选择时，要坚守自己的核心价值观和原则，不要为了站队而违背内心，尽量保持与各个派系的良好关系，避免过度偏向某一方，以免引起不必要的纷争和矛盾。只有保持中立的立场，坚持原则行事，才能在职场中立于不败之地，实现自己的职业目标。

面对职场拉帮结派现象，要以合作和妥协为原则，化解矛盾，避免被卷入职场斗争的旋涡。如果没有这方面的敏感度，那就努力提升专业技能，成为独当一面的人物，也能取得成功。这种情况下，只有保持独立性、展现优秀的能力，并善于处理人际关系，才能在职场中稳步前行，实现个人的职业目标。

总的来说，面对职场的拉帮结派现象，保持理性和冷静，坚守原则，拿捏住核心要素，同时依靠个人能力和合作精神，将有助于你在职场中保持稳定和获得更好的发展机会。

姚崇是唐朝著名宰相、政治家。他生活在动荡的时期，因此培养了敏锐的政治眼光，知道在朝廷上应该倾向谁的势力才能保全自己。当然，姚崇是个为国鞠躬尽瘁的宰相，他保全自己绝不是贪生怕死，而是要争取更长时间、更有实权的职位，方能为国家尽心尽力。

武则天在位时期，姚崇任灵武道大总管的时候，大臣张柬之、崔玄暐、桓彦范、敬晖和袁恕己等人计划政变：拥立李显为皇帝，逼迫武则天退位。

张柬之等人首先要杀掉武则天宠幸的张易之和张昌宗。当时姚崇正好从屯驻处回京，就顺势参加了这次密谋活动。后来，李显成功登基为帝，武则天禅让。新皇帝李显按照这些大臣的功劳对他们进行嘉奖，姚崇也因功封为梁县侯。

武则天不做皇帝了，当然要让出皇帝的居所，因此迁往上阳宫。但她毕竟是太上皇，还是皇上的母亲，因此应该有的礼仪不能少。这天，李显率领百官去问候武则天的生活起居情况，姚崇等人都在。

大家聚在一起时，张柬之、崔玄暐等人相互庆贺，只有姚崇独自流泪。张柬之不明白姚崇的用意，只觉得当着新皇帝的面哭太上皇是顾念旧主的表现，会招来新皇帝的记恨，便说："如今哪里是流泪的时候呢？你恐怕会惹上灾祸。"

姚崇却有自己的想法：此时虽然新皇即位，但是并不意味着原本的政治模式土崩瓦解了。武则天虽然退位了，但是势力依然在，她的侄子武三思还在朝为官，而且是凭他们几个人的力量所得罪不起的。如果自己现在不把武三思放在眼里，而是与张柬之等人抱团，这才是站错了队，堵死了自己的后路。以武三思那样小心眼的性格，一定会记仇，待他抓住自己的把柄，那才会惹上灾祸呢！

姚崇对张柬之说："与你们一起讨平叛逆，我不值得称功，然而从前服侍太上皇的时间久了，因为分别而哭，是人臣应有的节义。如果我由于这样而有罪，我也甘心。"

后来，张柬之、崔玄暐等五人接连被害，皇帝封他们为郡王，实际上是撤销了他们的宰相官职。只有姚崇幸免于难，继续在朝中掌握实权，为天下苍生谋取更多的福利。

可见，当时姚崇没有和张柬之他们站在一起，是多么明智的选择啊！他凭借自己的才华坐上宰相之位，凭借远见卓识和敏锐的政治眼光保全了自己的位置，这才是真正的聪明人！

这则故事或许让我们看到了自己在职场中的一些无奈和挣扎，以及在权力斗争中，即使我们不愿意参与其中，也难以置身事外的现实。在职场中，如何处理好人际关系、站好队伍，是一个需要我们深思的问题。

话有分寸，有效沟通拿捏好

在职场交际中，“话不投机”的情况并不少见。这种情况通常可能会导致双方沟通困难、关系紧张，甚至影响到我们的工作效率和团队合作。

所以，我们只有通过尊重差异、寻找共同话题、注重倾听、灵活应对、避免冲突和寻求第三方帮助等有效的沟通方法，才可以高效率地处理这种情况，营造更加和谐、积极的职场交往氛围。

在职场中，注重有效沟通是取得成功的关键。善于有效沟通的人往往能赢得别人的好感。这种有效沟通不仅仅是简单地传递信息，更是建立良好人际关系、解决问题、促进团队合作的重要手段。而不懂得说话技巧、不善于沟通的人，则容易得罪别人，从而影响工作效率，甚至错失晋升良机。

有效沟通的首要原则是倾听。要耐心倾听他人讲述的观点和意见，理解对方的立场和感受。只有在倾听和理解的基础上，才能作出恰当的回应。

在表达自己的想法时，要拿捏好自己的思路，清晰明了，避免含糊不清或模棱两可的表达方式。用简洁明了的语言准确表达自己的意思，让对方能够准确理解你的意图。

在沟通过程中要尊重对方，保持礼貌。避免使用侮辱性语言或态度，尊重每个人的身份和观点，不管对方的地位高低都要平等对待。及时给予积极的反馈是有效沟通的关键。表达赞赏和肯定，激励团队成员继续努力，同时也要善于接受他人的反馈意见，以提高自己的表达能力和沟通能力。

不同的人具有不同的沟通偏好，要灵活运用各种沟通方式，包括面对面交流、电话、邮件沟通等，一定要选择适合的方式与对方进行沟通。

有效沟通的目的之一是解决问题。要在沟通中聚焦问题本身，寻求共同解决方案，避免陷入无意义的争论和冲突。

保持沟通的透明度是建立信任和团队凝聚力的基础。及时分享信息，保持沟通畅通，避免信息不对称导致的误解和猜忌。

总的来说，注重有效沟通是职场成功的关键因素之一。通过倾听、清晰表达、尊重、积极反馈、多样化沟通方式、问题解决和沟通透明度等方法，可以建立良好的沟通氛围，促进团队合作，提升工作效率，实现个人和团队的发展目标。

魏晓军在一家公司工作了很长时间，是公司的老员工了。他不但没有感觉很轻松，反而感到工作很累，很压抑，因为他发现其他同事似乎把自己当作透明人一样了。

当同事们聚餐时，偶尔也会叫上魏晓军。但是，每次聚会都让他感到非常尴尬。他不想去，又希望与同事之间保持良好的沟通。然而，每次去聚会时，他坐在那里，也不知道该和同事们说些什么。因此，他通常只能假装埋头吃东西，以缓解自己的尴尬状态。

从职位上来说，魏晓军是公司老员工，应该是个领导了，但实际上还是一位普通员工。原因并不是因为他的业绩不好，而是因为他太沉默寡言了，领导根本感觉不到他的存在。

魏晓军很少与领导交流或者汇报工作，每次完成任务后，他都让别人向领导汇报。只有当他想改变这种状况、想让领导看到自己业绩时，他才会去找领导汇报工作，但是每次汇报都会被自己的同事抢先一步。

有时候，老板见到他便会主动地问：“魏晓军，你最近工作怎么样？那个案子有什么进展吗？你有什么想法呢？”

魏晓军的回答通常很简单，他总是说：“挺好的，案子还在做。”次数多了，领导问得也就少了。所以很多时候，尽管他非常努力了，但是由于他不太擅长说话，领导往往看不到他的成绩与付出。

时间一长，魏晓军就不知道该如何与别人愉快地聊天了，所以往往会刻意远离人群。但越是这样，他就越显得不合群。他不想再这样下去，他决定改变现状。于是，他报名参加了专门的培训班，向具有经验的老师请教，并通过网络、书籍等途径，认真学习沟通技巧。

在学习中，魏晓军明白了，要想进行有效的沟通，应该明白沟通的目的，需要确定沟通的对象，掌握管控沟通的时间，恰当运用沟通的方法，学会流露沟通的真诚，充分表现沟通的态度，更要注意沟通的倾听，等等。

魏晓军学习沟通时，当他说话紧张的时候，就努力使自己放松，静静地进行深呼吸，使自己安静下来。而在吐气时稍微加进一点力气，这样心里就会感觉踏实一些。微笑对于缓和全身的紧张状态具有很好作用，于是他就对着镜子，调整呼吸，练习微笑表情等。

魏晓军平时还练习与同事讨论一些好的话题，还特别留意观察同事的话题，学习了解吸引人的和不吸引人的话题，在自己开口说话时，便自觉地练习说一些能够引起别人兴趣的事情，同时避免引起不良效果的话题。他还有意训练回避不好的话题，避免说起自己不完全了解的事情，或者一知半解、似懂非懂的问题。

魏晓军通过学习明白了要进行有效沟通必须善于提问，他深知提问是了解对方和沟通的重要手段，可以更加深入地了解对方想法和需求。他还懂得了沟通要注意语气和态度，语气和态度可以影响沟通的效果，因此要保持友好、尊重的态度，并要使用积极的语气。

魏晓军还明白了建立充分的信任基础是进行有效沟通的关键。他深知通过诚实、公正、尊重的方式进行交流，可以建立双方的信任，并促进良好的人际关系，并为自己开创更加美好的人生局面。

通过学习，魏晓军变得自信多了。因为他的工作业绩一直很优秀，却始终没有得到升职的机会。于是，他决定试验试验，主动找老板沟通试试。

在沟通前，魏晓军对自己的需求进行了细致梳理。经过分析后他发现，自己真正的目标其实是两个：一是让老板意识到自己的感受，并深入了解老板不认可自己的真实理由；二是加强双方之间的信任，最终实现升职加薪。

有了充分准备，魏晓军敲开了老板办公室的门。他微笑着说道："老板，很感谢您能够抽出时间与我交流。其实这次来我是想跟您交流一下升职的事。您也知道，这次升职竞聘我并没有被提名，说实话我还是挺难过的。这些年我一直踏实工作，业务能力也不错。我知道，您在提名升职人员时一定有您自己的考量，您能够告诉和指导一下我，您是怎样想的吗？”

老板似乎有些惊讶，他没有想到平时沉默寡言的魏晓军竟然能够如此主动。他对魏晓军说：“其实，你的业务能力很强，这一点我在很多场合都肯定过。但是有一点你需要了解，从员工到经理，必须具备一个很重要的能力，那就是协调能力。也就是说，个人能力很强还不够，还需要能够很好地与他人进行协调配合，完成更加具有挑战性的工作任务。”

听到这里，魏晓军心里咯噔了一下，但是他很快镇定下来，继续说：“老板，真的很感谢您告诉我这些，我愿意调整自己，配合您将我们部门的工作做得更好！我觉得我今天学到了太多的东西，只是还想跟您了解一下，关于我升职的事，您是怎样考虑的？”说完话后，魏晓军的心怦怦直跳，他终于将这句藏了很久的心里话说出来了！

老板很认真地看了看魏晓军，问道：“关于这件事，我想先听听你的想法。毕竟你来公司这么久了，你的职业规划是什么呢？”

魏晓军说：“老板，都说不想当将军的士兵不是好士兵，来公司这么久，我的确非常想通过升职来得到您和大家的认可，同时希望通过加薪来改善自己的生活。今天我了解到您对经理人选的心理期待，将来我一定会朝着这个方向努力。我想问问，如果我能够更好地调整自己，加强与团队成员的交流和配合，下一次的竞聘中，我会不会还有机会呢？”

老板肯定地点了点头说：“我也很感谢你今天能够清楚地

告诉我你的需求，坦白来说，以前我觉得你确实很优秀，但就是欠把火候。现在我可以明确答复你，如果你能够继续更出色地工作，同时与我以及其他经理齐心协力，我一定会尽力推荐你升职。当然，这次如果有机会的话，我也会为你申请提岗加薪，以肯定你平时的努力。希望你以后能够做得更出色，好吗？”

从老板的办公室走出来后，魏晓军感觉心中升起一股莫名的激动之情，他感觉自己踏上了铺满鲜花的职场之路了。

故事中的魏晓军虽然没有直接争取到升职加薪的机会，但是他终于迈出了人生中与上级坦诚沟通的第一步。虽然过程曲折一些，但是他仍旧成功管理好了自己的情绪，并顺利推进了对话。这为他打开了被人信任的大门。

所以说，在职场中，有效的沟通往往能让我们取得事半功倍的效果。这也充分说明，沟通不是一味地洗耳恭听、无声无息，也不是口若悬河、夸夸其谈。沟通始终应该是双向平等、融洽的互动交流。拿捏好自己的角色和定位，掌握好沟通的维度和尺度，往往是成功沟通的关键。

附

名言谚语

以规矩为方圆则成，以尺寸量长短则得。

有法度之制者，不可巧以诈伪；有权衡之称者，不可欺以轻重；有寻丈之数者，不可差以长短。

——（春秋）管　子

己所不欲，勿施于人。

——（春秋）孔　子

大人者，言不必信，行不必果，惟义所在。

——（战国）孟　子

慎易以避难，敬细以远大。

——（战国）韩　非

白玉度尺，虽有十仞之土，不能掩其光；良珠度寸，虽有百仞之水，不能掩其辉。

——（西汉）韩　婴

行不违道，言不违仁。

危言危行，独立不问。

书生之论，可言而不可用也。

——（宋）苏　轼

大言不惭，则无必为之志。

谦固美名，过谦者，宜防其诈。默为懿行，过默者，宜防其奸。

——（宋）朱　熹

一字不可轻与人，一言不可轻许人，一笑不可轻假人。

听言观行，知人之良法。

轻言轻动之人，不可以与深计。

大不及行，可耻之甚。

——（明）薛　瑄

人之持身立事，常成于慎，而败于纵。

——（明）方孝孺

有一念而犯鬼神之禁，一言而伤天地之和，一事而酿子孙之祸者，最宜切戒。

遇沉沉不语之士，且莫输心；见悻悻自好之人，应须防口。

——（明）洪应明

里面要活泼于规矩之中，无令怠忽；外面要摆脱于礼法之中，无令矫强。

喜来时，一检点；怒来时，一检点；怠惰时，一检点；放肆时，一检点。此是省察大条款。

——（明）吕　坤

凡人言语正到快意时，便截然能忍默得；意气正到发扬时，便翕然能收敛得；愤怒嗜欲正到腾沸时，便廓然能消化得。

——（明）王阳明

持身之法，太矜庄则有迫切之失，太疏略则有荡佚之失。学者须是严整中见浑厚，简易处著精明。

——（明）陆世仪

凡处事，须视小如大，亦须视大为小。视小如大见小心，视大如小见作用。昔人所谓胆欲大而心欲小，正此之谓也。

——（明）陆世仪

深以刻薄为戒，每事当存忠厚。作人之道，当小心谨慎，谦之又谦。

——（清）曾国藩

时时存一倾覆之想或可保全，时时存败裂之想或免颠越。

——（清）左宗棠